叡知の種

覚者は語る(Ⅱ)

シェア・インターナショナルからの記事

石川道子・訳

シェア・ジャパン出版

ベンジャミン・クレームへの敬慕の思いと覚者への感謝をこめて

第一巻への序文

すべての時代に大小の霊的教師が人類を導いてきた。われわれの知っている方々の名前は、ヘラクレス、ヘルメス、ラマ、ミトラ、ヴァイアサ、シャンカラチャリア、クリシュナ、仏陀、キリスト、モハメッドである。彼らは人類とその他の自然界の王国（動物・植物・鉱物界）の進化のための大計画の管理者である。この大計画は覚者方の内界における霊的ハイアラキーの機関を通して成就される。

覚者方とは人類家族のメンバーであり、われわれの先に進化の旅路を行かれ、われわれが現在たどっている同じステップを踏んで、ご自身を完成された方々であり、そしてわれわれを同じ達成に導くための責任を引き受けられた方々である。彼らはわれわれの進化の全行程の背後にあって、人間が徐々に意識の拡大を通して、彼らのように完成した光明ある存在となるように、導き、助けてくださっている。

覚者方の大多数は世界の辺鄙《へんぴ》な高山脈や砂漠地域に住み、めったに世界と接触をもたず、主に思念伝達（メンタルテレパシー）のコミュニケーションによって、彼らの弟子たちを通して働かれる。私が覚者方の一人と接触を持つ光栄に浴するのはこの手段を通してである。様々な理由のために、この覚者の名前は、しばらくの間、明かすことはできないが、彼は霊的ハイアラキーの古参のメンバーの一人であり、西洋の秘教学徒の間ではよく知られた名前の方であるとだけ言っておこう。

彼の提供される情報、訓練、刺激が、現在私が従事している仕事を行うことを可能にしたのである。すなわちハイアラキーの覚者方の最高位の長であるキリスト・マイトレーヤがこの世に臨在しておられることを知らせる仕事である。マイトレーヤは一九七七年七月以来、英国のロンドンにおられる。彼はそこに住み、現代の問題——政治、経済、社会——に関心を持つ一人の現代人として働いておられる。彼は宗教の教師ではなく、霊的（スピリチュアル）教師であり、言葉の最も広い意味での教育者であり、人類が現在の世界の危機を抜け出す方法を示しておられる。

私と共に働く共働者たちと私がこの情報を広めるために使う方法の一つは、『シェア・インターナショナル』という月刊誌の発行である。一九八二年一月創刊以来、私の師であるこの覚者は毎号記事を提供してくださっている。私の知る限り、『シェア・インターナショナル』誌はハイアラキーの覚者を寄稿者の一人に数えることができる世界で唯一の雑誌である。

覚者の記事は叡知と洞察と情報の宝庫である。覚者は記事の一つで（一九九二年五月号掲載）ご自身がこれらの記事を書かれる目的について説明しておられる。

「過去何年間にわたって、わたしがなしてきた努力は、この雑誌の読者に未来の人生を描き、その未来に対して楽しく積極的に近づくように鼓舞し、日ごとに彼らの途上に持ち上がる問題に正しく対処するための知識のツール（道具）を用意することであった。わたしの経験と洞察に基づく有利な視点から、わたしは〝見張り番〟として、守衛として働くことを求め、近づきつつある危険について警告し、あなた方読者が大計画への奉仕に勇気と確信をもって行動することができるように努めてきた。

多くの者にとって、わたしのこの仕事は無駄ではなかった。多くの者がわたしの言葉の中にインスピレーション（鼓舞）と指導の両方を見いだした。多くの者が毎月の真理の神酒を熱心に待つ。またある者は冷たい目で、そしてそれよりもさらに冷ややかなマインドとハート（心）で、穏やかに読む。さらにまたある者は困惑し、どう考えればよいのか分からないでいる」

この度、創刊号から二〇〇三年十二月号までの記事のすべてを一冊にまとめて出版した。これらの叡知の宝をより広範囲の読者に提供するためである。覚者の言葉は、読者を鼓舞するものであり、今日的な関連性のあるものだということがお分かりいただけると思う。この覚者の名前は、キリスト・マイトレーヤが前面に出て来られて、人類への公のアピール（訴え）を出された後に明かされるだろう。

二〇〇四年三月　ロンドンにて　ベンジャミン・クレーム

第二巻への編者注

本書、『覚者は語る 第二巻』は、ベンジャミン・クレームの師である覚者によって伝えられた記事で二〇〇四年一月号から二〇一六年十二月号までにシェア・インターナショナル誌に掲載されたものをまとめた。

本書の作成はベンジャミン・クレームの協力と承認のもとで昨年（二〇一五年）から企画されていたのだが、残念ながら、クレーム氏は長い間の病の後、二〇一六年十月、本書の完成の数カ月前に、他界された。したがって、本書は彼を追悼して出版される。ハイアラキーの覚者と世界への奉仕に捧げられたベンジャミン・クレームの人生の遺産は本書に生きている——彼の師との絶え間ない連結と密接な関係の賜物である。

覚者からの記事を受け取る過程について、読者は興味を持つかもしれない。ベンジャミン・クレームはメンタル・オーバーシャドウ（*）のプロセスを通して、高位のテレパシー（思念伝達）で記事を受信し、筆記したのである。しかし記事を受け取るためには、彼が自分の注目をブディックレベル（魂の最高位レベル——すなわち霊的直観のレベル）に保つことのできる能力を必要とした。その過程について、ベンジャミン・クレームが描写してくれたことから判断すると、これらの記事を受信するにはかなりの持続した集中力が要求された。時にはその過程はスムースに流れるように思われたが、またある時には、われわれ傍観者から見ると、より一層のエネルギーと努力を必要としたようであった。

本書、第二巻に掲載された覚者の記事は徐々に短くなり、記事の抜けている号が、特に二〇一五年と二〇一六年に多いことに、読者は気づかれることと思う。それは、ベンジャミン・クレームの健康状態が徐々に衰えてきたことによる。彼はすでに九十歳を超えていたのである。しかし、それは彼が喜んで行った奉仕であり、最後の力を振り絞って、亡くなるわずか十九日前に覚者からの最後の短いが、鼓舞されるコメントを伝えてくれたのである。

覚者の記事への追加として、二〇〇〇年から二〇一〇年にかけて様々なメディアでのインタビューの折、ベンジャミン・クレームを通して伝えられたマイトレーヤからのメッセージも本書に掲載した。

注＝二〇〇七年十月号から、『シェア・インターナショナル』は覚者がベンジャミン・クレームに記事を伝えてくださった日付も掲載するようになったので、筆記された日付と出版された日付と二つ載せた。

（＊）＝覚者の意識のエネルギーがクレームの意識に流され、波動があげられ、意識した状態で、メンタル・レベルでコミュニケーションが行われる過程である。

覚者たちの誓い

戦争の暗雲が次第に増し、平和の陽光が闇に包まれていくにつれ、人類の反応は二重である——好戦主義者たちの意志を無言で受け入れ、追従することと、彼らの計画と企てに対する積極的な活気ある抵抗である。今日、わたしたちには両方の反応が同じ割合で見られる。世界の半分が（底に横たわる原因を認知することなしに）〝テロとの戦い〟というグラマーにとりつかれ、またテロ行為自体にとりつかれている。後の半分はテロ行為を嘆き、そしてその発祥についての理解の欠如を嘆いている。大規模の変化のみがこの残虐な悪を終わらせる鍵であることを彼らは知っており、世界をあまりにも不公平に分割している不平等を認知し、それに対処することを諸国家の指導者たちに呼びかける。

この後者のグループは増大して、世界の安全を非常に脅かす者たち、現在、権力の座にいる者たちの計画に対する彼らの抵抗を増さなければならない。彼らはお互いを見つけて、一緒に働かねばならない。平和を求め、正義の顕現を請い願う無言の大衆（サイレント・マジョリティー）のために働き、そして語るのだということを知る必要がある。

平和は、正義が支配するとき、分かち合いが人間の心（ハート）を開き、人々を信頼することに目覚めさせるときにのみ、訪れるだろう。かくして、人は正義と分かち合いのために働き、声高に語らなければならない。正義と分かち合いのみが人間の苦しみを、テロ行為と戦争を終止させるだろう。あなたたちの兄であるわたしたちは、わたしたちの役割を果たす用意がある。わたしたちは「共通の利益（善）」のためのあらゆる行動を強化するだろう。わたしたちは、自分たちの力を顕《あらわ》す機会を待っている――過去の間違いを正すのを助け、戦争の無益さを人間に示す。わたしたちは、戦争の終止を呼びかける者たち、人事の中に健全さとバランスの回復を求める者たち、すべての者のための正義（公正）と自由の創造を求める者たちすべてを支持することを誓う。

わたしたちにあなた方を助けさせてほしい。わたしたちの役割を果たすことができるように、助けてほしい。わたしたちは、いつものことながら、「共通の利益」のために行動することを願う、それが人類すべての最善の利益であるとわたしたちは思う。かくして、わたしたちは分かち合いを提唱する、かくしてわたしたちは正義を勧告する、かくしてわたしたちは自由と平和を分かち合いと正義の確立の頂点として見なす。

この世界の救済のために共に働こうではないか。人類種族の利益のためにお互いの（意見の）相違を放棄しようではないか。健全な行動を勝利させて、人類に平和のための彼らの共通の必要を理解させよう、そして病める世界を復活させようではないか。

多くの者が未来を恐れながら待つ。人間が道を見失ったのではないか、いまや平和への道を見いだすには遅すぎるのではないかと恐れる。わたしたちの勧告はそうではない。平和への道は簡単に見いだせることをわたしたちは知っている、正義と信頼の創造を必要とするのみである。分かち合いのみがその信頼を生み出すだろうということを、そしてそれが人類にテロ行為と戦争の両方を放棄させるようになることを、わたしたちは知っている。そのようになるだろう。そのようにして、人類はついに恐怖と不信のグラマーから解放されて、実際にそして歓びのうちに未来を創造する用意を整えて、マイトレーヤの「同胞愛と正義」のメッセージに応えるだろう。

（二〇〇四年一、二月号）

新しい落ち着き

何か極めて尋常ならざることが起こっていることに世界が気づくのはあまり先のことではないだろう。多くの人々が、これといって描写し難い新しい雰囲気に、思考の新しい転換に気づきつつある徴《しるし》が現れており、それが人々に希望を与え、最近の過去のストレスを緩和する。何か漠とした、しかし強烈な存在感のある何かが広範囲にそれ自体を感じさせつつある。

マイトレーヤと彼のグループの覚者たちの臨在について知っている者は、もちろん、この安堵感と静かな歓びを、日々の状況がどんなものであろうと、すべてが良くなるだろうという確信ある保証を、長い間経験してきた。今やこの安心感と究極的な善の感覚が、現在の混乱とチャレンジの直中で、ますます大勢の人々の中に強まりつつある。ゆっくりと、しかし確実に、人々は、何か知らない存在に、そしてそれがすべての者の利益と安全のためであるという微《かす》かな感覚に、目覚めつつある。

このようにして、偉大なる主は現在の状況の苦痛を和《やわ》らげ、大勢の人々が彼の言葉に応えるように準備しておられる。このようにして、彼はすべての者の福利を脅かす複雑な国際状況の優先事項について彼らの理解を確実にする。

多くの者が、ストレスの状況において、自分たちの尋常ならざる平静さと客観性に驚くだろう。さらに多くの者が、長い間の対抗勢力やライバルに対する自分たちの寛容さを不思議がるだろう。このようにして、偉大なる主は非常に多くの人々の苦しみを和《やわ》らげるために働く。

やがて、人間は彼らの新しく見いだしたこの気楽さを、信頼と分かち合いと平和について非常に単純に話をされるこの御方《おんかた》に関連づけるだろう。人々は、その単純さが、人間の状況とすべての必要についての深遠なる理解とは裏腹なことに気づくだろう。勇気づけられて、人々は偉大なる主の唱導に従い、それに応えて彼らの声を上げるだろう。このようにして、「一般国民の声」はその強さと目的を増し、そして世界中に反響し、指導者たちに対して、正気であることと正義と平和を声高に呼びかけるだろう。すると、権力の座にある者たちは彼らの時代が終わったことを、人々は健康と幸せ、自由と正義、信頼と祝福された平和に対する彼らの天与の権利を理解し要求することを、認識し始めるだろう。

そのようになるだろう、そのようにして、地球上のあらゆる国民は、彼らのますます強まる和合を固めるために、そして世界の変容へのステップを指示するために、偉大なる主がすべての者に向けて直接に語ることを呼びかけるだろう。そうすると、マイトレーヤは彼の本当のご身分と特性を明らかにされるだろう。大宣言の日は人類にとって新しい始まりであり、そして人間から、かつてなかったほどに、彼らの裡《うち》にある最高のものを引き出すだろう。

（二〇〇四年三月号）

究極の勝利

国家が大人になり成熟すると、他の諸国に対して、それまでとは全く異なった関わり方をする。その国は、相互の責任と必要についてすべての国家を結び付ける「法の規定」を尊重し始める。成熟していることの徴《しるし》はまさに法に対する尊重の姿勢である。法は人間が共に生きるために必要と考えられたものである。

時々、一つの国家が非常に強力になり、その権勢への野望をいらだたせる法を無視して、友好国からの抑制を求める警告にもかかわらず、戦争を始めることができると感じるかもしれない。

唯一の〝超大国〟としてのアメリカ合衆国が今日、そのようであり、「法の規定」の外での一方的な行動の愚かさを知ることができるまでに成長した、より成熟した国々の国民を怒らせ、心配させている。

若い、自信過剰な〝超大国〟はその筋肉をひけらかしながら、度を越してしまうだろう。そしてそれが早く起これば、それだけ世界にとってはより安全だろう。すでに確実に大きくなっていく混乱が、当然支払われねばならないコストを、アメリカ人とイラク人の両方の生命に犠牲を強いた。「パンドラの箱」の封は破られ、その中から化け物が跳び出してコントロールのしようがない。確かに、アメリカの行政府は奮い起こせる限りの勇敢な顔を装っているが、舞台裏では、彼らは非常に悩んでおり、不名誉な引き揚げ方ではない方法を必死に探している。その間に、破れたイラク軍はゲリラ戦を戦い、少しは成功している。宗教団体は彼らの機会をつかんで、市民戦争を呼びかけて緊張を増大させる。かくして、合衆国の無敵さを実証しようと企画されたアメリカ大統領の最大の冒険は、その業績を示すものはほとんどなく、まだ失うものは大きい。

アメリカ政府が自分たち自身で、この無謀な不必要な戦争の愚かさにやっと気づくとき、もちろんこれを世界の前で認めないだろう。むしろ、この恥ずかしい大失策から脱出するために国際連合の支持を獲得しようとするだろう。そして可能ならば、責任をよそに転嫁しようとするだろう。

諸国家の間で、「法の規定」が無視されるとき、世界全体が苦しむ。かくして、今日、この無益な軍事力の誇示が、テロ行為や暴力に何の関係もない何百万の人々に影響を及ぼしている。ストレスのもとで人間の免疫組織が破壊されるにつれて、世界は今、あらゆる種類の伝染病と苦闘している。戦争挑発者は、彼らの愚劣な行為のカルマの結果を考えたならば、行状を改めて、他の進路に狙いをつけるがよかろう。

マイトレーヤは、その間、この不調和の状況を注意深く監視しており、必要ならば、介入する用意があり、可能なときに出現する用意がある。マイトレーヤは彼の後ろに立つ者、平和と正義、自由と愛を貴重に思う者の究極の勝利を疑わないことを念頭においておきなさい。マイトレーヤは、これらが人間存在の主動因であることをご存じであり、すべてにおいてこれらに最高の価値が付与されるのを見届けるために来られる。

（二〇〇四年四月号）

太陽への道

人々は自分自身の目にうつる証拠を必ずしも信じないということがしばしば観察される。ゆえに、彼らが人生の意味と目的を探求するにあたって価値ある多くの体験を拒絶する。例えば、多くの者が、一般に知られているような形でＵＦＯを見たということを、あらゆる証拠がそれを指しているにもかかわらず、信じようとしない。人々は、新しいもの、未知のものを、それらがいかに彼らにとって恩恵あることであろうとも、受け入れることをひどく嫌う。このようにして、人間は彼らの意識と成長を抑止する。

もう何年もの間、われわれの姉妹惑星から宇宙船が現れて空を飛び回り、われわれの惑星のために計り知れない奉仕をなし、折に触れて彼らの存在とその現実性を示す多くの鼓舞されるような証拠を与えてくれた。ひとつずつ、二組ずつ、そしてまた膨大な数で、彼らはわれわれの愚かさと無知の行為による有害な結果を、カルマの法則の範囲内で、緩和するために献身的に働いてきた。地球上の多くの人々が彼らを見たことがあり、彼らが宇宙空間を自在に飛び回る明らかな能力に驚嘆と畏敬《いけい》の思いで立っていたのに、嘲笑されることを恐れて沈黙を守ってきた。かくして、宇宙船の現実性についての知識および彼らの目的についての感謝に満ちた理解が人間にとって失われた。なぜこのようであるべきなのか。なぜ人間は、受け入れて理解することが彼らの向上にとって最良のことであるのに、それを拒絶するのか。

人間がなぜこのように理不尽に振る舞うのかについて幾つかの理由がある。それらの中でもっとも大きな理由は恐怖である。起こり得る大破局についての麻痺するような大きな恐怖が人間の心のうちに深く潜んでおり、あらゆる反応を、希望や驚嘆のあらゆる自然な意思表示を条件づけており、いつでもその頭を持ち上げようとする。

ほとんどの国々の政府とマスコミは一般大衆を教育し、啓発する義務を怠った。多くの政府機関が知っているにもかかわらず、それを国民から隠していることはたくさんある。何にもまして、UFOの無害性について、それが知られているときでさえ、是認されることは決してない。逆に、それらに関することはすべて、漠然としたミテスリーの中に包まれてではあるが、脅威として提示される。権力と支配の地位にいる人々は、もし国民がUFO現象の本当の性質を知るならば、彼らがわれわれの文明よりもはるかに進んだ文明からの使節であることを理解するならば、人々はもはや地球上での生活の条件を受動的に黙って受け入れることはなくなるだろうということを知っているのである。国民は、彼らのリーダーたちに対して、これらの宇宙からの訪問者が公に上陸するように招待し、そしてわれわれに同じような形の生き方と達成の仕方を教えてくれるように要請するように求めるだろう。

これがそうなる時はあまり遠い先のことではない。地球以外の他の惑星におけるいのちの本当の特質が一般的な知識となる時がやって来る。人間が太陽系システムについて、互いに関連する総体として理解し、太陽系惑星は進化の様々な段階にあるが、すべてが太陽ロゴスの大計画を成就するために共に働いており、そしてその途上においてお互いを助け維持しているということを理解する時がやって来る。

（二〇〇四年五月号）

究極の選択

人類が暴力と戦争に魅せられている現在の愚行にやっと気づくとき、そしてその暴力行為を実施するための手段を放棄するとき、著しい変容を経験するだろう。人間の行動におけるこの最も歓迎すべき変化の最初の徴は、現在戦争を糾弾し、正義と平和を求めてデモ行進する何百万人の人々の中に見ることができる。これらの自発的で世界的規模のデモは、人類が過去の行為を放棄する用意ができており、そして正しく導かれるとき、方向を変える用意があることの確実な徴である。その時は急速に近づいている。

現在の心的外傷と緊張の高い状況の直中《ただなか》で、新しい未来のビジョンが何百万の人々のハートとマインドに提示されており、多かれ少なかれ彼らは反応する。人間は、生き延びるためには平和が必要なことに目覚めつつある。彼らがいかに戦争の中に巻き込まれていようとも、このことを心（ハート）のうちに疑う者はほとんどいない。かくして、人類の前にある究極の選択のための舞台は整っている。

一般の傍観者にとって世界は、平和のビジョンを分かたない者たちによって、あらゆる状況・形態の中に富と権力への機会のみを見る者たちによって、引き裂かれ、支配されている。これらの者たちは大勢いるが、大多数の人間は戦争の無益さに飽き飽きし、そのような愚行を永久に終わらせるための戦略を求める。彼らの心（ハート）の中に、すべての人間のための平和と進歩の新しい時代の希望が燃える。すべての国に存在するこれらの人々が世界の希望を代表する。

マイトレーヤが出現して話しかけられるのは、彼らに対してである。マイトレーヤが未来のビジョンを、今でさえ提示されるのは、彼らに対してである。何百万もの彼らはマイトレーヤの唱道に速やかに反応するだろう、そして、すべての者の希望を燃えたたせるだろう。

かくして、マイトレーヤは、さらなる無謀な争いが無益で危険なものであることを人間に説得されるだろう。今回の問題は世界的なものであり、戦争によって解決され得ないことを、協力のみが人間に平和と豊かさをもたらすことを、人間は兄弟姉妹として、手に手をとってのみ、彼らの保護を待っている新しい世界に入ることができることを、説得されるだろう。

かくして、人間は決断し、底知れぬ深みから逆戻りするだろう。かくして、人間はいのちと幸福への彼らの選択を示し、希望で目を輝かせながら、この世界の再建の仕事を共に始めるだろう。

決断の時は近い。ほとんどわれわれの真上にある。マイトレーヤは道を示し、新しい方向を指し示そうとしておられる。非常に多くの人々が、マイトレーヤの助言とインスピレーション（鼓舞）を、智恵と愛を待っている。マイトレーヤはすべての者のための未来を請け合われるだろう。

（二〇〇四年六月号）

教える者たちと教えられる者たち

人類はその長い歴史の中で、道に迷ったときが幾度もあったが、今ほど大きく運命《さだめ》られた道から逸《そ》れたことはかつてなかった。今ほど人類が救助を必要としたことはかつてなかった。そして今まで、その助けがこれほどまでに入手可能であったときはかつてなかった。長い長い間、人類に与えられる援助の程度は法によって制約されてきた。人間の自由意志は神聖であり、侵されてはならないものである。今日、数え切れない何世紀もの間で初めて、かつてないほどに多くの援助が自由に提供され得るのである。今日、人類の必要と絶望感が最大のときに、彼らの兄たちの豊かな援助の手が開かれ、そして彼らが切望する援助を提供する。

要求されることは人間自身からの要請のみである。必要とされることは「同胞団《ブラザーフッド》」〔訳注＝覚者たち〕の助言と智恵を喜んで受け入れる用意ができていることであり、方向を変えることである。

この危機のときに、多くの者たちは希望を失い、すべてが終わるのを恐れながら待つ。彼らの未来に満ちている希望について何も知らず、変化の真っ只中で思い悩む。さらに多くの者は現在の状況にいらだち、何が何でも変化を求める。彼らは未来が招いているのを感じるが、それが何かを知らず、新しいものを経験することを切望して、じれったがっている。すべての者が、この変化の時を特徴づける緊張とストレスの影響下にさらされており、彼らの性質に照らして、それぞれに反応する。

この複雑な状況の中に、覚者たちは接近してくる。彼らは人間の自由意思が侵されないように行動しなければならないが、「法」が許す限りのあらゆる方法で助けることを求める。すべての者に受け入れられるやり方が発展するまで、多くの状況と場合において、緻密な判断が必要とされるだろう。

あなた方の兄であるわたしたちは、自由と正義を一人ひとりにもたらすものとしての完全参加による民主的プロセスを勧める。しかしながら、進化（の旅路）におけるわたしたちの長い経験と展望から、提供される助言を受け入れることが人間の利益であり向上のためであることが多々あるだろう。

このようにして、教える者たちと教えられる者たちは、調和と信頼のうちに共に働く。そしてそのようにして、人間は過去のやり方を、彼らの先達のやり方を学び、彼らの志向をあらかじめ定められた目的にそわせるだろう。

そのようになるだろう。そのようにして、人間は人生の本質を知り、今日、彼らのビジョンを歪め、不幸をつくり、存在そのものを脅かす多数の無益な執着を放棄し始めるだろう。

間もなく、覚者たちの中の覚者であるマイトレーヤは彼の公の使命を始められるだろう。間もなく、人間はマイトレーヤの教えを聞くことができ、そして自分たち自身でそれを評価することができるだろう。その中にある「真理」があまりにも単純に明らかなので、多くの者が速やかにマイトレーヤの勇士たちの群れに参加して、彼の重荷を分かち合うだろう。これらの言葉を読む者たちすべてがその中に含まれるように。

（二〇〇四年七、八月号）

前進の道

人間の意識に転換が起こるたびに、その準備として、一定の間《ま》が、沈黙のひとときがあり、その中で過去の様々な達成が再評価され、そしてもし目標に達していないことが分かれば放棄される。かくして、今日もまた然りであり、人間は将来の利用のために保存が適切で、必要だと考えられるもの、そして人間のますます深まる認識と洞察の光に照らし合わせて欠くべからざるところのものを評価する。それが人間自身に任されるならば、この期間は人間にとってまさに非常に長いだろう。多くの実験をしてみる必要があり、正しい道が見つかり、正しいステップが取られる前に、多くの間違いが起こる可能性は高い。今後、人間がもしそう望むならば、わたしたち、人類の兄たちの助けと経験を役立たせることができる。わたしたちは、求められればいつでも援助し鼓舞する用意がある。

かくして、今の時期は前例のない時であり、あらゆる状況においてわたしたちヘルパー（援助者）はすぐ傍らにあり、人間の自由意志を侵さないように気をつけながら、長い間蓄積してきた智恵と、苦労して勝ち得た経験と知識を喜んで提供したいと願っている。

今日大切なように思われるものの多くが去り、より簡素な、より自然な生き方と関係に置き換えられるだろう。あり余る豊富さの直中にあって何百万の人間が不必要に死ぬという冒瀆《ぼうとく》が消え去ることは確かであろう。今日人間の精神をあまりにも醜くする不寛容さもまた消え去るだろう。より小さい、より弱い国家の資源や領土を支配し、征服し、搾取しようとする衝動は永遠に消え去るだろう。その代わりに、新しい現実感が、すべての人間との連結性と相互の権利と義務についての理解が生まれるだろう。人々と国家は法の規制に基づいて、そしてすべての人間のための平和と安全についての必要条件に基づいて生きることを求めるだろう。

間もなくそのような過程の始まりが姿を顕《あらわ》すだろう。すでに、未来に目の焦点を合わせる人々が彼らの洞察を伝えており、注目を得つつある。ますます多くの人々が彼らに導きと確約を求め、このようにして新しい思想が根を下ろすだろう。徐々に、人間の思考に変容が起こり、そして必然的に、古きものは、人生の問題に対する新しい、より健全なアプローチに道を譲るだろう。

かくして、激しく沸騰する大釜の中で、いまや未来の形態が形成されていく。その輪郭はぼんやりと本能的なものだが、しかし鋭い目を持つ者には十分に明瞭であり、人間が自分の本当のアイデンティティー（独自性）と目的に目覚めつつあり、そして時代の変転にもかかわらず、前進の道にしっかりと足を下ろしていることへの保証と希望を提供する。

（二〇〇四年九月号）

正気さを求める

アメリカ合衆国の市民には重大な決定を下す時が迫っている。今年の十一月の彼らの決定に何百万の、アメリカ一国ではなくその他の多くの国々の未来の幸福がかかっている。この決定は難しいことではないと、その選択は平和と正しい関係を大切にする者すべてにとって必ずや明白なことだと思えた。

しかしながら、別の考えを持つ者たちが、他国が自分たちに危害を企《たくら》んでいるかもしれないという口実で他国を侵略する権利を保有すると考える者たちがいるようである。そのような先制攻撃は、近代の文明国によってとうの昔に放棄されて、人間の違法行為に満ちた過去に当然、葬り去られたことと思われた。

悲しいかな、そうではないことが明らかである。現在のアメリカ政権は、彼らの不当で残酷なイラク侵略について自責の念を示すどころか、もし再選されれば、彼らの〝テロ戦争〟の中で略奪のプログラムを続ける決意が固いことを誇らかに主張する。

〝テロ戦争〟を戦うということは幻影と戦うことであり、無益で、高価な、そして危険な演習である。テロはヒドラであり、多頭の化け物であり、ヘラクレスが発見したごとく、一つの頭を切り落とすとそれは二つ頭に置き換えられる。このアメリカ政権は、その傲慢さと無知ゆえに、盲目的にその罠に落ちてしまった。災難を受けるのはアメリカの国民であり、アメリカの犠牲者であり、全体としての世界である。

テロに対処する方法は、そしてわれわれの直中《ただなか》にあるこの腫瘍を永久に終わらせる方法はただ一つしかない――その原因を探すことである。

テロリズム（テロ行為）の原因はもちろん幾つかあるが、とりわけ重要なのは、世界資源の不均衡な分配である。これが国家間に危険な溝をつくり、人々を自分たちの夢を実現するためにテロの手段に追いやる。彼らは死にもの狂いの人間であり、失うものを何も持たない者たちである。彼らが願い求める正義のために、当然のことだが彼らが自分たち自身の権利と見なす正義のために、もし必要ならば死ぬ覚悟のあるそのような死にもの狂いの人間の、膨大な、まだ活用されていない大群が存在する。

どんな〝テロ戦争〟もそのような軍隊を打ち負かすことはできない。いかなる傲慢な身構えも彼らを西欧世界の要塞から追い出すことはできない。

いかに強かろうが、一国でテロリズムを打ち負かすことはできない。それはこの世界を醜くしている不正義から生まれるものである。

人間が分かち合うことを学ぶときにのみテロリズムの終末をみるだろう。分かち合いを通してのみ、正義と自由の目標は実現され得る。偉大なる祝福されたアメリカ合衆国の市民であるあなた方に対するわたしたちの懇請は、あなた方が投票するとき、注意深く考えなさい、そしてあなた方の本来の特性である心（ハート）から行動しなさい。あなたの一票を平和と正義と「法」の支配のために投じなさい。

（二〇〇四年十月号）

アメリカの選択

アメリカ市民が十一月に投票所へ行くとき、彼らは歴史のコースを変える機会を得るだろう。彼らの決定に近未来の様式と機構《しくみ》が大きくかかっている。もし彼らが賢明な選択をするならば、この混乱した世界に平和と正義の確立を願う者たち、平和と正義は信頼の結果であることを知る者を、そしてその信頼を創造するために彼らの国の膨大な種々の資源を分かち合う用意のある者を、これらすべての者の福祉を助長する決意を持つ者を大統領に選ぶだろう。

もう一つの選択は考えることさえあまりにも恐ろしい――ますます昂《こう》じていく戦争、テロ、反テロのプログラム＝アメリカ人の慣習的な自由をますます束縛する支配＝そして誇り高いアメリカ合衆国に対する諸国家間の〝パーリア(*)〟的悪評と知りつつそのような選択をする者がいるのだろうか。

運命の日が近づくにつれて、世界の多くの人々の思いはアメリカの悩める国民に向けられる。いまや非常に多くの者たちがアメリカを蔑《さげす》み、憎む。彼らは、不法に強奪した権力の残酷で粗野な擁護者からアメリカの国民が救出されることを祈る。彼らは、平和を愛するアメリカ人すべてに対して、現政権の戦争挑発行為に反対する声を高め、そしてそれに沿った票を投じるように呼びかける。

もちろん、アメリカのみが世界の不公平性、すなわちわれわれの直中にある基礎的な潰瘍《かいよう》、われわれの困難のすべての源に対して責任があるのではない。苦闘する貧しい者たちを全く斟《しん》酌《しゃく》せず、横柄な扱いをするすべての先進開発国とその責任を分かち持つ。アメリカはこの緊張、そしてテロ行為の主要な原因に目覚めなければならない。そこに西欧世界の過失がある。これらの〝成功した〟国々はその富と支配力を主に歴史に負うており、また世界経済を強引な〝市場のフォース〟を通して彼ら自身に有利なように操《あやつ》る彼らの能力に負うのである。世界の哀れな極貧の者たちは、今や自分たちの分け前を要求する。もしわれわれがこの単純な正義への当然の権利に対処し改善しなければ、世界に平和はないだろう。テロリズムは嵩じて、戦争に発展し、それは地球上の人間の未来を脅かすだろう。

あなた方の兄たちであるわたしたちは、まさにこの世界の未来が脅威にさらされているのを傍らに立って眺めていることはできない。アメリカは世界に提供できる多くの良いものを持つ偉大なる国である。アメリカは今、奉仕し、平和と正義の中に生き、そして調和と協力の中ですべての国々と一緒にこの世界をつくり直すために共に働くことを請い願うアメリカの魂に目覚めなければならない。

この選挙は人事における大きな転換点である。頼むから、あなたの票を正義と分かち合いと平和のために投じてほしい。

（二〇〇四年十一月号）

（＊）〝パーリア〟＝パライア、最下層民、不可触民

さまようアメリカ

アメリカ合衆国の国民が、自分たちが重大な間違いを犯したことに気づくのは時間の問題だろう。彼らは、国内においても国際的にも分割と憎しみをつくり出すことに専念する男と行政府を、多数の盗み取られた票の助けを借りてではあるが、復権させてしまった。

国民は、自分たちの誇らしい様々な自由が侵害されていくのを後悔しながら見守るだろう。政府が、必要から、巨大な負債に取り組もうとするにつれて、彼らの生活水準の急速な降下を見るだろう。彼らの通貨に対する自信の喪失と、彼らの伝統的な取引のパートナーとの貿易の急激な逆転を目撃するだろう。イラクへの多難な侵略は、イラク国内および世界の他の地域で悪影響を及ぼし続けるだろう。この政府が世界中に引き起こした恐怖と憎しみに反応して、国民の傾向は、内に目を向けることであり、そしてより一層きっぱりと世界に背を向けるだろう。

この政府に対処するにあたって、大きな問題は、それが強力なイリュージョン（錯覚）の下で働いていることである——すなわちそれは、神に鼓舞されており、神の恩寵の下でキリスト教の世界とメッセージをその昔の力と栄光に復興させるのを助けるという錯覚である。

かくしてアメリカは大きく後戻りして、世界の大多数が抱く本当の関心事——環境汚染と差し迫る惨事のストレスの中で苦しむ惑星の要求——から、己自身を孤立させた。

世界は静止していないことをアメリカは発見するだろう。アメリカの協力があろうがなかろうが、諸国家は、われわれを取り囲む多くの生態問題や社会問題に取り組むためにできる限りのことをなしていくだろう。それらの問題は本当に緊急に対処されなければならないのである。アメリカは自分たちが取り残され、無視されることを発見するだろう。そうなってのみ、アメリカは〝先導〟するための用意ができるだろう。

この政府は、今でさえも、その勝利を味わいながら、次の行動の賛否をはかりにかけている。意に反してイラクにおける出来事に不意打ちをくらって、政府はさらなる暴力を考慮する前にしばし小休止しなければならない。しかし、脅しだけで、弱いものをいじめ、征服することを期待して、その虚勢と美辞麗句は疑いもなく続くだろう。他方、多数の国々に大きな変化が起こっており、それは世界の力のバランスの深遠な変化につながる。中国とインド、南アメリカとロシアは彼らの足どりと経済的な潜在力を見いだしている。アフリカは、やっと強力な政府や機関の関心と善意を受け始めており、より良い時が来るのを期待することができる。

かようにして、世界はアメリカの力と富の支配から離れていき、そしてその運命《うんめい》を成就するために他の行路の計画を立てている。

もしアメリカがその一方的な行動をとる権利を主張し続けるならば、国際的な計画やプロジェクトにおいて無視され、放っておかれ、その経済はさらに衰え、その国民は政府の行動に自信と信頼を失うだろう。友だちもなく、衰えていく力の前に、政府は変わることを強いられるだろう、そして以前の友好国との対話を再開するだろう。

マイトレーヤの出現はこの変容の過程を速め、そしてそれの歓迎すべき完了を保証するだろう。

（二〇〇四年十二月号）

暗闇の中から

ときどき、この惑星の自然のフォース（力）はその圧倒的なパワーを、人間の歓迎しない破壊的な方法で現す。

最近のインド洋における大災害(*)がそうであった。大勢の人命の悲しむべき突然の消失、そして前例のない家屋やビルの被害は世界を驚愕させ、注目すべき反応を呼び起こした。はじめて、東西、南北の国々が自然発生的に援助の提供に結集した。

諸国の政府はそれぞれの国民に突っつかれて、援助を提供し、極貧国に対する未払い負債の返済取り消しをする。奪われた人々への同情の波は、また、すべての発展途上国の何百万もの貧窮者への関心として顕《あらわ》された。それは人々がマイトレーヤを受け入れる用意ができていることの確実なしるしである。

これがそうであるということに対するこれ以上明確な表示はあり得ない。誰もこの関心の誠実さを疑うことはできない。津波の悲劇は非常に大勢の人々の心（ハート）を開き、正義の確立と世界の変容を求める何千万の人々の声を鼓舞した。

ついに、これらの声は聞かれつつある。ついに、マイトレーヤの慈悲のエネルギーは、いまだ彼の臨在に気づいていない大勢の人間の心（ハート）の中に反応を見いだした。やっとのことで、富裕国の政府は正義と平和を求める国民の要請に応えつつある。彼らの将来は、国民の声に、ますます明確に強力に響いてくる国民の意志表明に、耳を傾けるかどうかにかかっていることを、彼らは感知する。

諸国の政府に理解させよう、国民の声は智恵の声であることを。それはリアリズム（現実感）と真理への呼びかけであり、健全なより良い世界につながる唯一の行動への呼びかけである。その声に耳を傾けることのできない政府は失敗するだろう、そして権威と国民の信頼を失うだろう。

一方、マイトレーヤは、賛否を微細に検討しながら、出現の瞬間を待っておられる。彼は人間の用意ができているしるしを歓迎し、その瞬間が遠くないことを知っておられる。彼は人類と大計画のために公に働く機会を歓迎する。そうすることで、彼のパワーと効果は計り知れないほど増大する。

また、そうすることで、彼は人間に直接に働きかけることができ、彼らの福祉と慰安に対する彼の関心を示し、彼らの窮乏と困難についての彼の理解を、彼らの問題について、そしてそれらを解決する方法についての彼の認識を示すことができる。マイトレーヤは、一人の兄として、友として、慈悲深い真実の助言をする父として、そしてすべての人間を待つ輝かしい未来への旅路の協力者でありパートナーとして、見られることを望んでいる。

だから、もう少し辛抱しなさい。そして様々な問題や困難にもかかわらず、喪失の心痛にもかかわらず、世界の変容と人間の救済への（神の）大計画は勝利への道にあることを知りなさい。

そしてすべてが良くなるだろうということを知りなさい。

（二〇〇五年一、二月号）

（＊）二〇〇四年十二月にインドネシアを襲った巨大な津波（スマトラ島沖地震）

マイトレーヤの任務

変化の勢いが世界中を通じて着実に増大しているのがますます明らかになっている。次々に出来事が起こり、新しいものが古いものに取って代わるその順序の論理を識別できるものはほとんどいない。あなた方の兄たちであるわたしたちはこの過程の必然性を認知する。そして、すべてが大計画のより完璧な表現に向かって動いているということを知るわたしたちは、それを満足して見守る。

しかしながら、人間にとっては、彼らが自分たちの行動の結果を理解し、それに対処しようとするにつれて、それは最大限の努力を要求される困難な時期である。様々な出来事の理路が理解できずに、彼らが信頼をおく神（神性）を疑う。人間にとっては、彼らが盲目的に自分たちの意志を強く主張し、あるいは彼らの努力の結果から逃れようとするにつれて、いつもこのようであった。

時代から時代へと移行するにつれて、そのような緊張とためらいの期間はいつも繰り返されてきた。各々の新しい時代は、新しい馴染みのないフォース（エネルギー）を世界にもたらし、それが徐々に人間にのしかかり、そして反応を呼び起こすのである。かくして今日もまた、人間が、新しい時代のエネルギーが要求する新しい方向をかすかに模索するにつれて、そのようである。ある人々はその方向を感じ取り、要求される行動について、彼らの同胞を教育しようとしている。しかしながら、多くの人間は変化を恐れ、もし〝過激派〟が彼らの思い通りに行動するならば、差し迫る混乱と破壊のみを見る。

この分裂した世界に、キリストはやって来られた。彼の任務は、これらの本質的に異なるグループを和解させ、現在の混乱と騒動の中に秩序をもたらすことである。彼の任務が容易なものではないことは誰の目にも明らかであろう。様々なグループの間の溝は広く、深く固められていることも、等しくすべての者に明らかであろう。では彼は、古いそして怯《おび》えている者たちと、急速に発展している新しい者たちとの間の深い割れ目に橋を架けるために、どのようにして働かなければならないのか。また、現代の顕著な特徴である極度の物質主義を、彼はどのようにして押しとどめることができるのか。宗教団体の不寛容さに対処して、彼らが和合を体験するのを助けるにはどうすればよいのか。

マイトレーヤは、人間の中にひとりの人間として御自身を紹介し、何も要求せず、誰の忠誠をも要求しないだろう。彼のアプローチはシンプルで直接であり、彼の挙動は穏やかで落ち着いているだろう。彼のマインドの明晰さは注目を引くだろう。彼の智恵は人間の恐怖を克服するだろう。彼の発言の誠実さは人間の心(ハート)を溶かし、憎悪と貪欲《どんよく》の重荷を取り除くだろう。かくして、人間は新しい神性の出現を体験するだろう。その内に人間を包含《ほうがん》し、そこに距離も分離も見ないお方である。

宇宙のパワーと愛の体現であり代行であるマイトレーヤは、彼に反応できる者たちすべての心（ハート）を開くだろう。そして人間を恐怖と分裂の過去に背を向けさせて、未来の栄光を迎える用意をさせるだろう。

（二〇〇五年三月号）

腐敗行為の終止

ますます諸国家は、昔から続いてきた問題、すなわち腐敗行為を認知し始め、それを深刻に受け止めて対処し始めている。世界のある地域では、腐敗行為は何世紀ものあいだ生活様式になってきた。それはもちろん、多数の人々の犠牲の上に少数の者たちを利してきた。数え切れない長い間、腐り切った指導者や強力な政治家が、臣民や市民に賦課《ふか》した税金の上に富を増やしてきた。現代では、西洋の大企業が大規模に〝勘定をごまかしてきた〟ことが発覚している一方、東側においては、すべての取引きが、誰かの手に〝賄賂をつかませる〟ことを必要とする習慣が当たり前になっている。

腐敗行為は特定の民族や国家に特有であり、ある社会では、大統領や総理大臣から警察やスポーツに至るまで浸透している。最近の選挙が示したように、自由と民主主義を奉じているはずの国々においてさえも、選挙の腐敗は蔓延《まんえん》する。そのような腐敗した政府は失敗し、その国民を裏切り、そうすることで統治する権利を放棄するのである。

そのような腐敗の直中で、信頼を生み出すことは可能だろうか。信頼なしには人間の未来はまさに荒涼たるものである。信頼なしには、より公正な資源の分かち合いはむなしい望みであろう。信頼なしには、われわれの惑星という家を維持するために必要とされる包括的《ほうかつてき》な意思決定は決してできないだろう。神聖で有益な信頼なしには、人間は地球という惑星の管理人としての権利を喪失するだろう。

そのようになるであろう。かくして人間は、即刻、社会のすべての層に、地球上の生活の隅から隅まですべてに染み込んでいる腐敗の腐食的影響に真剣に取り組むべきである。

人間がこれをなすのを助けるために、マイトレーヤは様々な形で現れる腐敗行為の腐食的影響を人間に示そうと骨を折られるだろう。もし人間が本来の特質なる神になるためには、欺瞞《ぎまん》とごまかしの古いやり方を放棄しなければならない。深刻な環境問題に取り組むために、人間は信頼のうちに共に働かねばならないことを、彼は説明されるだろう。信頼なしには、できることはほとんどないことをマイトレーヤは強調されるだろう。諸国家の指導者たちは彼ら自身があまりにも腐敗の中につかっているので、彼らは誰も信頼しない。

人間が必要な信頼を生み出すためには選択は一つしかないことをマイトレーヤは示されるだろう。この豊かな地球の産物を世界中により公平に分かち合うことであり、そして豊かさの中で死んでいる何千万の人々の飢餓と貧困を永久に終わらせることである。

指導者たちはマイトレーヤのことばに耳を傾けるだろうか。多くの場合、おそらく最初は否であろう。しかし間もなく至るところにいる民衆が耳を傾け、マイトレーヤの助言の賢明さを知るだろう。彼らはマイトレーヤの賢明なことばに全面的に同意し、彼の大義を支持するだろう。世界の世論は自分たちの声と良き指導者を見いだすだろう。その力に対して、貪欲《どんよく》な独裁者や腐敗した政治家の妨害しようとする声は次第に消えていくだろう。そのようになるだろう、そしてこの世界の浄化と変容が始まるだろう。

（二〇〇五年四月号）

人間の業績

それぞれの世紀ごとに、そして一世紀のうちの二十五年目ごとに、智恵の大師であるわたしたちは、それ以前に始動させた多くのプロジェクトと計画についての成功やその他を評価するために共に集うのである。このようにして、わたしたちは特定の計画がうまくいっているか、もしそうでなければ、害が及ぶ前にいかにして必要な調節と変更を行うことができるかを知るのである。

これは緩慢でのんびりしたリズムのように思えるかもしれないが、わたしたちの長い経験から して、進化はゆっくりと進行し、人類が必要な前進を彼らの本質的な部分として組み込み、そして安定させるのに長い間かかるからである。しかしながら、もし大計画が慎重に進められるならば前進は確実であり、そしてわたしたちはわたしたちの方法に多くの信を持っている。

わたしたちが二十世紀を振り返ってみるとき、驚くべき光景が見える。それは本当に巨大な苦闘と達成であった。紛れもなく、非常に対立し、頑として相容れないフォース（勢力）の戦場であった。戦い疲れた、しかし勝ち誇った人類がついに成熟した世紀であった。わたしたちの観点から見れば、二十世紀は人類が大人になり、前進への道を歩むために決断し、考える用意ができた世紀である。試練と苦難は多く、怯ませるものであり、それは人間のうちにある最高のものを引き出させ、間近な前方に横たわる大きな決断のために彼らを用意させたのである。

過去の世紀の二つの世界大戦は、人類が二つに分かれるのを目撃した――彼らのあらゆる欠点にもかかわらず、光の側にくみして、すべての者の自由と正義のために、そして民主的な理想のために立ち上がった者たち=そして自分たち自身のために権力を崇拝し、いのちの闇の側にくみして、彼らよりも弱い者たちのマインドとハートを虜《とりこ》にしようとした者たち。光のフォース(勢力)の勝利は、人間が彼らの住むリアリティ(現実)とそして非常に多くの犠牲を払って熾烈《しれつ》な戦いをしてきた物質主義の特質をより良く知ることを保証する。このようにして、人間のいのちの壮大感と、そしてまたその神聖さと価値についての感覚がしっかりと植え付けられたのである。

この達成が、キリストと覚者方の一団が世界に再臨することを可能にしたのであった。二十世紀の様々な出来事は極めて重大なことであった。それらは『世界の弟子』の重要な試練の構成要素となり、彼らは、わたしたちによって導かれて、専制君主の権力に立ち向かい征服するために戦い、そして過去の過ちを正し、兄弟同胞愛の素晴らしき事実をしっかりつかみ取る用意ができていることを示したのである。

世界を見回し、ちっぽけな野心に満ちた人々の行動を見て、これが可能なことを疑う者たちもいる。彼らは外的な過渡的な出来事のみを見て、進化の法則の下で人間に働きかけている変化を見ないのである。人類に対するわたしたちの期待は高い。わたしたちは、人間と惑星の未来を確実にするためにはまだまだ多くのことがなされねばならないことを知っているので、このことを軽々しく言うのではない。人間についてのわたしたちの見方は、人間を彼らの運命《さだめ》を継承する用意ができるところまで導いてきた人生の試行と試練に、長い間かかわってきた経験に基づくのである。

（二〇〇五年五月号）

人間の遺産

現在の世界状況を覆うほこりがおさまるとき、非常に興味深い光景が知覚の鋭い観察者に見えるだろう。それは多くの面で、今日の多くの人々の一般的理解と懸念とは相反する光景であろう。多くの危険な緊張や分裂が存在し、解決するために洞察力と配慮を要することは確かである。また、克服するためには人間の智恵を超えており、まだ未知の全く新しいアプローチを必要とする問題もたくさんある。しかしながら、同様に、人間の中に進歩と新しい認識が生まれている印が多くあり、彼らを取り囲む困難や不確定な状況に取り組むに当たって、新しい円熟した智恵が発揮される例がたくさんある。人生のパノラマ（全景）は平坦な一次元ではなく、層状に分かれた出来事の絶えず変化する場であり、それらが同時にそして多くの方向に動いている。

かくして現在、本当に起こっていることを理解するためには、主要なそして一般的な傾向を観察することが必要である。そうすることができると、現在の世界の状況と、そのあり得そうな結果について異なった光景が浮かび上がる。

今日、多くの人々の抱いている恐怖の成就とは程遠く、近未来は人間に最大の進歩の可能性と意識の成長を提供すると、わたしたちは信ずる。それは、彼らが人類種族として味わったことのないものである。今訪れつつあるこのような機会にも似たものが人間に提示されたことはかつてなかった。その幸運な時に応じる用意のある人々が、これほどたくさんいた時はかつてなかった。あなた方の兄であるわたしたちは、これほどその成果に確信を持ち、人間と共に働き、できる限りの方法で彼らを助ける決意を、これほど堅くしたことはかつてなかった。

教えそして仕えるためにあなた方の生活の中に入るにつれて、わたしたちは果たすべき仕事に、軽々しくではなく、軽《かろ》やかなハートと熱意あふれるマインド（心）で取りかかる。わたしたちは、あなた方がわたしたちの言うことに耳を傾け、あなた方自身のためにわたしたちと共に働くことを勧める。そうすることで、あなた方が間違うこともより少なくなり、袋小路を避けることもできるだろう。このようにして、変化と再建の仕事は妨害されることなく、確実なものとなるだろう。かくして、すべての人間がわたしたちの側《かたわら》にその位置を占め、平和と愛の術《すべ》を学ぶことができる。

わたしたちがあなた方の生活の中に入っていくのは、人間の指導のためのみではなく、わたしたち自身の進化の中の一つのステップとしてでもある。しかしながら、わたしたちの主な努力は、人間が困難と過去の過ちを克服し、そして新しい時代が明けるにつれて、彼らに提供される機会を最大限に利用するのを助けるために費やされるだろう。そして人間は、彼らが利発で敏感な生徒であることを示してくれるだろうことに、わたしたちがもたらす知識と智恵の光が彼らのハートとマインドのうちに共鳴するだろうことに、わたしたちは自信を持っている。

正義が幸いなる平和をもたらすとき、人は再び古《いにしえ》の真理に目覚め、そして今も永劫《えいごう》も、すべての人間がひとつであることを知るだろう。その大義を支持して、喜んで速やかに地上の生命の基本構造を輝けるビジョンに変容させるだろう。それは、わたしたちが人間の遺産として認知するビジョンである。

（二〇〇五年六月号）

暗闇の終わり

この地球ほど分割と不調和が蔓延《まんえん》している惑星はどこにもない。われわれの太陽系の中で、これほど競争の中に浸かりきって、協力の恩恵に無知な惑星は他にない。そのような愚行の結果、すなわち不安とあらゆる種類の病気、隣り合わせにある富と貧困、不安定と戦争、が見られるところは他にない。

なぜそうでなければならないのか。なぜこの最も豊かで肥沃な世界の住民は、その所有権をめぐって争わねばならないのか。

その答えは、ある程度は地球の資源の非常な豊かさにある。地球は最も密度の高い物質世界であり、長い間、人間はその物質的な富の奴隷《とりこ》になっており、その富をコントロールするために戦い、競争してきたのである。このことが人間王国（およびそれと共に動物王国）を絶滅の瀬戸際にまで追い詰めたのである。核爆弾の開発によって、人間は自分自身の存在そのものを危機に陥《おとしい》れた。

何にもましてこの事実が、マイトレーヤに彼のグループと共に日常世界に戻る決意を促したのである、少なくとも予定されていた時期よりも千年も早く。彼の目標は人間を説きつけて、瀬戸際から引き戻すことであり、彼らの権力への渇望が、貪欲《どんよく》と競争が、いかに危険で破壊的であるかを示すことである。

マイトレーヤは人間に、より容易な方法を、協力と正義と信頼の方法を示すだろう。

この惑星全体に広まる現在の物質主義の不正を、心（ハート）のうちで拒絶する人々が今日たくさんいる。彼らは正義と平和を願い、それらの達成のために行進しデモをする。ますます多くの世界の民衆が一緒になるとき、強力な男たちの行動を変えるだけの力を持つことを認識し始めている。かくして、マイトレーヤは民衆を信頼し、彼らの要求に声を与える。かくして、彼は民衆の行進に参加し、彼の声を彼らの声に加えられる。

全般的な貪欲《どんよく》のただ中に、幾つかの国々において、政治家や他の人々の中に良心の目覚めがある。極貧の国々の負債が帳消しにされ、そして非常に多くの人々のひどい貧苦に対する新しいアプローチがとられつつある。二十年にわたる労苦の成果が実り始めている。マイトレーヤの慈悲心に富むエネルギーがその魔法のような働きをしており、新しい精神が力を強めつつある。

かくして、数え切れない長い時代の心的態度と習慣は、マイトレーヤと彼のグループによって統御される新しい抑止され得ないエネルギーの前に崩れ始めている。人間は恐れる必要はない。まさに、至るところにいる従順なる者、貧しき者、無力なる者、労苦する者は地球を受け継ぐだろう。人間は協力と奉仕の素晴らしさを学び、そして権力の要塞は一つずつ陥落するだろう。分かち合いと一体性への新しい衝動が人々の心（マインド）を捉えるにつれて、権力と富の帝国は消えていくだろう。そのようになるだろう。かくして、人間は正気を取り戻し、再び（本源に向かって）登り始めるだろう。

（二〇〇五年七、八月号）

マイトレーヤのお導き

政治家や指導者たちは、どのように試みようとも、様々な出来事をコントロールし、彼らの〝国家という船〟を水平に保たせておくことがますます困難になることを知るだろう。彼らの熟練の技にもかかわらず、それはあたかも何か目に見えない手に導かれているかのように、抑えがきかずにひとりでに疾走することを知るだろう。その見えざる手とは、もちろん変化の論理である。彼らが用いるルールや方法は過去のものであり、今日の問題や必要にほとんど適応しないということを、彼らは理解しない。彼らは会合し、これらの問題を討議するが、常に実際行動から尻込みする――行動のみが問題を解決するのだが。その間に、民衆は様々に苦しんでおり、彼らの貧苦を緩和するための思慮と洞察を待つ。彼らは心（ハート）のうちで、救いが可能なことを知っている。そのような貧苦から解放される権利を持つことを知るのだが、それを可能にさせる制度も力もまだ持たない。

人々は永久に待ってはいないだろう。すでに、世界中に衝突と苛立ちのしるしが現れており、指導者たちに彼らの必要と苦悩に対処するよう迫る。指導者たち、ビジョンを持たない男たちは、公正さと正義への増大する要求を停止させるための約束や弁解を探す。それは無駄である。世界の民衆は自由、正義、平和についてのビジョンをつかまえた、そしてそれを放さないだろう。指導者たちではなく、彼ら民衆が未来の輪郭を描き、彼らの必要に合わせてそれを形づくるだろう。そのようになるだろう。世界にあるこの新しいフォース——民衆の声——は急速にその力と結合力を増しており、今後の世界の出来事に主要な役割を果たすだろう。

マイトレーヤは民衆の声の力と影響を増大させて、そのコースの舵《かじ》を取る機会を待っておられる。そのコースを形成する要素は多く、それらの目標は本質的に異なる。だからその道を見失い力を放散させないように、その導きは賢明でなければならない。であるから、民衆の要求は単一かつ単純でなければならない。彼らの問題は多くそして多様である、しかし彼らの必要は万民共通である——正義と自由を通しての平和はすべての人間の必要である。分かち合いが信頼の創造にとってのカギであることをマイトレーヤは勧告なされるだろう。信頼がなければ何もできない。分かち合って、ありがたい信頼を築きなさい、そして正義と平和のしあわせを知りなさい、とマイトレーヤは世界に告げられるだろう。それ以外の方法は彼らが心（ハート）のうちで切望する平和をもたらさないということを、マイトレーヤは厳粛《げんしゅく》に諸国家に気づかせるだろう。そのようになるだろう。そのようにして、民衆は分かち合いを、したがって平和を呼びかけるだろう。新しい、強力な世界の世論がその力をはっきりと表示し、今日の権力者の操作や策略を時代遅れのものにするだろう。そのとき、マイトレーヤはすべての人間に御自身を公に宣言されるだろう。そして来るべき（アクエリアス〔宝瓶宮〕の）時代全期間を通じて、人類への奉仕に御自身を捧げられるだろう。

（二〇〇五年九月号）

人類同胞愛

遅かれ早かれ、相互依存のリアリティ（現実）が諸国家に、そしてその指導者たちに分かり始めるだろう。その認識は、今日彼らが格闘している様々な問題に対して全く新しい態度をもたらすだろう、そしてそれらの困難に対する、より容易なそしてより賢明な解決につながるだろう。視野の漸進的《ぜんしんてき》な変化が現在の猛烈な競争と対立を相互理解と協力に置き換えるだろう。すべての国家が同じペースでこの方向に進むのではないだろうが、この方法の有効性と明らかな健全さはやがて最も非楽天的な者たちにさえ、すべてのための恩恵を見させるようになるだろう。前進への一つ一つの歩みがこの過程を固め、そして協力への動きを速めるだろう。このようにして、より健全な関係が諸国家の間に展開していくだろう、そしてやがて、本当の同胞愛の感覚につながるだろう。

より小さな国の多くはすでに相互依存のリアリティ（現実）を認識しているが、力を欠くために彼らの声は聞かれないままに過ぎる。大きくて強力な国々はそのような概念をあざけり、自力でできるという誇りが世界との関係についての真理に対して彼らを盲目にしている。

人間はゆっくりと進化するのであり、意義深い前進を遂げるためには時間と実験を必要とする。しかし、まさにこのようにしてこれらの達成は安定し、恒久的なものになるのである。

国際連合は、もちろん、より小さな国々の声が出され、そして聞かれることのできるフォーラム（公会の場）である。それは、安全保障理事会とその勝手な拒否権が廃止されるときにのみ可能となる。それ（安保理）の有用性はもはやなくなったのであり、権力と拒否権から解放されている国際連合総会に早く道を譲らなければならない。

そうすると、諸国家は大国の拒否権と経済的誘因によって強いられる制約なしに行動するようになるだろう。海外において民主主義を最も大声で叫ぶ者たちが、国連の場における民主主義の欠如に不思議と盲目である。

すべての国の国民はひとつであり、平等であり、お互いに依存しているということを人間は認識するようにならねばならない。いかなる国も一国で世界を所有することも支配することもできない。いかなる国も一国で世界のすべての国々に対立して存続することはできない。帝政や絶対支配権は過去のものである。人間は、この地球という惑星上における彼らの役割についての新しい理解を得る瀬戸際にいる。それは智恵の道とこの惑星の賜物《たまもの》の本当の管理者の道における旅人の仲間たちとの関係を変えることを含む。

あなた方の兄たちであるわたしたちは、人間がこの変化を成し遂げるのを助けるだろう。マイトレーヤは人間の前に、行動と世界の変容への代替えを示すだろう。方向転換しなければ、未来はまさに困難で荒涼としたものになることを示されるだろう。そしてまた彼は、人間がお互いの相互依存を、同胞愛のリアリティ（現実）を認識するように鼓舞されるだろう。（二〇〇五年十月号）

未来への鍵

人間が過去の古い方法で彼らの問題を解決する努力を続けるのを、わたしたちは悲しく見守る。問題は多く、これらは現在に関連するとともに将来にも関連する。主に、それらは過去の遺物であり、急速に発展する今日の社会にとって非常な重荷を意味する。市場を獲得するための猛烈な闘いに夢中になって、至るところの政府は安全と強さ、開発と革新を達成するために、そして変化の直中で安定を求めて、あらゆる常套手段を試みる。それは不可能な仕事である。彼らの問題すべてに対する答えは一つしかない。すべての問題に対する解決策は一つである。しかるに、これまで誰もその言葉を、あっと言う間に彼らをそして世界を解放するあの言葉を、思い切って囁《ささや》くものはいない。それはこの世界を一気に正義（公正）と真理の新しい時代に乗り出させるであろう。あの言葉を鳴り響かせよう。新しい文明を、新しい社会を顕示《けんじ》させよう。至るところにあの言葉を聞かせよう。人間に応えさせよう。

その言葉は正義の響きである。真理の響きである。その言葉はすべての人間を近づけて人類同胞愛を築く。その言葉は心（ハート）の上に軽やかに座して、すべてのものに幸せをもたらす。その言葉は賢明で寛大であり、愛に満ちている。その言葉とは分かち合いであり、未来への鍵である。

分かち合いが人間のすべての問題への答えである。分かち合いは神（神性）についてのもう一つの言葉である。分かち合いは人間にとって可能な最高のものを始動させる、なぜならそれは信頼への扉を開くから。分かち合いは人間を神の足元に連れて行くだろう。

人が分かち合うことを学ぶとき、いのちの意味を知るだろう。分かち合うとき、人は高揚を感じ、自分たちのなすことを賛美する。分かち合いは人を全《まった》くさせるだろう。分かち合いは人類をひとつにするだろう。分かち合いの概念には限りがない。それは人間の救済になることが証明されるだろう。

人類がマイトレーヤを見るとき、これらの真理の言葉を聴くだろう。マイトレーヤの宣言を、彼らは大きく開かれた心（ハート）で聴くだろう。そしてそれに応えて、圧政と不正の終止を呼びかけるだろう。彼らはマイトレーヤの周りに集い、マイトレーヤは彼らのスポークスマンになるだろう。人類は間もなく彼の顔を見るだろう。間もなく、マイトレーヤは世界に彼のアイディア（理念）を提示し、古い時代を送り出すだろう。

マイトレーヤは今、人々の近くにおられる。彼が拒絶されることはあり得ない。彼の愛が今やすべての界に充満しており、変化を前面にもたらす。

これを考慮しなさい——マイトレーヤの助けなしには、人類は破滅の運命にある。わたしたちは人類からの応えを心から待っている。

（二〇〇五年十一月号）

新しい時代の始まり

人類が現在地上に存在する本当の状況を知ってそれを理解するとき、彼らの大多数は抜本的な変化のみが大破局を防ぐだろうということに同意するということを知りつつ、あなた方の兄であるわたしたちは人間の反応を辛抱強く待つ。

ひとつ問題は、一般の人々が、人事をコントロールし、大体において、数えきれないほど人間の必要と利権に反して働く巨大な既得権益《きとくけんえき》についてほとんど知らないことであった。現在、世界の富の八十パーセントがわずかな数の一族や機関によって所有されている。その富の多くが〝静的〟であり、不動産や船舶、金、宝石、美術品につぎ込まれており、したがってほんのわずかな人々を益するのみである。そのような不均衡は、至るところの政府がある程度の社会正義に基づく社会を確立しようとする努力を混乱させる。

この不均衡は非常に古くから存在し定着してしまっているので、大変な努力か、あるいは世界的な経済の大惨事のみがその支配力を揺さぶるだろう。この状況に直面して、諸国の政府は国事の運営にあたってどうして良いか分からず、同時に、市場獲得のために互いに競争している。その結果は、必然的に大混乱の繰り返しであり、不安定状態にあり、そして基本的な公共事業や海外援助のためのお金は慢性的に欠如している。世界の貧困国は苦しみ、したがって、人々は変化を求めて声なき声で祈る。より積極的な者たちは増大しつつある世界のテログループに加わる。

では、いかにして、受け継がれた富、停滞、そして革命をもたらす憎悪と暴力というこの悪循環を破るのか。

マイトレーヤは、公の出現の際に、この問題について語り、その仕組みとそれが国家および国際的な生存のすべての面に及ぼす否定的な影響を示されるだろう。世界の富の正しい、公正な分配のみが、すべての人間の望む平和を実現することができることを示されるだろう。分かち合いのみがそのような分配を可能にする信頼をつくることを、人類にはその他の選択はないことを——その他のすべての方法はすでに試みられそして失敗したことを、時間の猶予はなくなりつつあることを、マイトレーヤは示されるだろう。

そのように、偉大なる方は語るだろう。そのようにして、彼は、人々の意識を上げ、そして彼らが自分たちの窮状の理由を理解するのを助けるだろう。互いに深く依存し、非常に多くの危険な問題に直面している世界にとって、そのような不均衡は耐えられないことを示されるだろう。現在の役に立たなくなった制度機構の合理的な変容のみが、人間が未来へと前進し、その名に相応しい文明を築くことを可能にするだろう。

人々がマイトレーヤのことばを聴くとき、彼らは三つのグループに分かれるだろう——一つはマイトレーヤの思いと彼らの行動を呼びかける訴えに心（ハート）から全力で応えるグループである。もう一つは対抗の妨害策を構築して真っ向から立ち向かうグループ。三つ目は、より小さなグループであり、不安のうちに脇に座して傍観する人々である。

徐々に、変化を、少なくとも試みなければならないということが明らかになり、何らかの実験的な試みがなされるだろう。これが多くの人々に分かち合いの実行可能性を確信させ、そして大宣言の日につながるだろう——新しい時代が始まったという合図である。

（二〇〇五年十二月号）

驚嘆すべき出来事、門口にあり

キリストが再びわれらの中におられることを、全く議論の余地なく知るときが間もなくやって来るだろう。あらゆる信仰の人々がこの方を、聖者として、神を知る者として待つ。人間はこの方を「兄」として「大教師」として、彼らの運命〔の成就＝訳注〕を彼らのために保証してくださる方として知るようになるだろう。現在、彼は出現して、世界のために、世界の前で働くことのできる瞬間を辛抱強く待っておられる。しかも待っている間にも彼はすべての人々のために休むことなく働いておられる。一瞬たりとも目を離すことも、彼の愛を差し控えることもない。一瞬一瞬、あの愛はそれを吸収することのできる者たちすべてを抱擁し、こっそりと彼らの心（ハート）に入る。そうして、彼は人間の世界を下から支え、保護し、賢明に導いておられる。同胞団（ブラザーフッド）の新しい地位にお入りになられた兄を、人類を助け、教え、そして彼の愛によって贖うためにやって来られた方を、見る用意を整えなさい。

彼が公に姿を現すまでの時は短い。これを肝に銘じて、彼のためのあなたの奉仕を活気づけなさい。この方があなた方の中におられることを知らせ、この吉報をまだ知らない人々の心（ハート）をかき立てなさい。あなたの目的を成し遂げ、あなたが大昔に誓った約束を果たしなさい。

世界は、その希望の理由を知らずに、油断なく、期待しながら待つ。世界はまた、苦悩と恐怖のうちに呻《うめ》き、救いと苦痛の終わりを待ち焦がれる。人間を分離させ、金持ちと貧乏人をつくり、戦争を産み、惑星を病ませる長年の問題に取り組む時が来たことを、マイトレーヤは示されるだろう。彼はまた、われわれの惑星を健康に戻すために〔残された＝訳注〕時間は日毎に短縮していることを示されるだろう。

マイトレーヤは人間がこの地上に存在する理由を教え、この目的を成し遂げる方法を教えるだろう。各人の裡に、「光の存在（Being）」が宿ることを教え、そしてその存在になることを鼓舞されるだろう。人間と神の間には、無知と恐怖以外の何ものも立ちはだかっていないことを思い出させるだろう。人間をその罪意識から解放し、喜びに向けさせるだろう。罪意識も恐怖心もなくなると、人は愛を知ることを示されるだろう。

今はまさに最もユニークな時であり、これが繰り返される時は決してないことを理解しなさい。それは壮烈な、勇敢な、そして神聖なる時である。この時を、お互い同士との、そしてマイトレーヤとの繋がりを強めるために使いなさい。

かつてないほどにマイトレーヤのために働きなさい。恐れてはならない、なぜなら、あなたが彼を見、そしてこれまで無意味に働いていたのではなかったことを知る時は間もないのであるから。

そのようになるだろう。光の側の友よ、共働者よ、その光を遠くまで投げかけて、われわれのこの世界に進行中のこの驚嘆すべき出来事をまだ知らないあなたの兄弟姉妹たちを目覚めさせてあげなさい。

（二〇〇六年一、二月号）

戦争の終焉《しゅうえん》

代価を数える時が来るとき、人間は戦争の空費に仰天し、そして恥じ入るだろう。人間の活動のいかなるものよりも、戦争は資源と人命を貪欲《どんよく》に喰い尽くす。〝敵〟なるものを征服するための努力には何も惜しまず、すべてが勝利の達成のために犠牲にされる。かくして、人間はその隣人に対して容赦なき闘争を行い、それは必ずしもいつも自己防衛の闘いではない。非常にしばしば戦争は、領土の拡大や略奪品の蓄積、あるいは最も忌まわしき奴隷捕獲のために使われてきた。ほとんどの戦争の底に横たわる目的を描写するために〝戦利品〟という言葉が安易に使われている。

今日、人間は戦争を終焉《しゅうえん》させるための仕事に真剣に取り組まねばならないときに達したのである。いかなる問題にせよ状況にせよ、解決するために、あるいは癒すために、戦争が必要とされるものではないことを、人は理解しなければならない。そうであるから、諸国家は共に働いて、人間のあの破壊的性向を永久に終わらせなければならない。

それをやり損なうならば、人類種族の生存そのものを脅かすことになる。平和はもはや人間にとって一つの選択ではないのである〔訳注＝それ以外の選択はない〕――彼らは今やその手の内に、これまでかつてない最も破壊的な凶器を握っている。もしそれが大きな戦争に使用されれば、この惑星を冒瀆《ぼうとく》し、永劫の時の間、生命の存在しない死んだものにするだろう。ではなぜそのような災害を、そのような終局を招こうとするのか。

マイトレーヤは出現されるとき、このように語られることは確かであろう。小さな戦争が悲惨な結果につながり得ることを、それが人間を自己破壊という危険な坂道にもたらすことを、マイトレーヤは示されるだろう。彼は厳粛に勧告し、そして人間を考えられないような行動から引き戻させるだろう。油断することなく、しかし恐れないでいなさい。マイトレーヤが人間の行動を賢明に導いてくださることを信頼しなさい。あなたの兄弟姉妹を教育する任務におけるあなたの役割を果たし、マイトレーヤの荷を少しでも軽くして差し上げなさい。

聞く耳を持つ者たちすべてに、待望されているお方がここにおられて、公に彼の任務を始める用意があることを伝えなさい。彼は善意の男女が平和と正義、自由と愛のために彼と共に働いてくれることを当てにしておられる。彼らにこのことを伝えなさい。マイトレーヤが世界の苦難に対して単純な答えを持っておられることを告げなさい。分かち合いは信頼を生み、それが扉を、そして人間の心（ハート）を、祝福された平和に向けて開くだろう。

そうすると同胞愛と協力の中で人間の霊魂の開花を見るだろう。そうすると様々な問題や行き詰まり状態は溶け去り、溢《あふ》れるような善意の中で克服されるだろう。

そのようになるだろう、そのようにしてわれわれは忌まわしき戦争の終焉を目撃する。それがマイトレーヤの目的であり、その達成に対する彼の意志は固い。

（二〇〇六年三月号）

おびただしい徴《しるし》

人間が、今日のように、進むべきか退くべきか、右なのか左なのか確信がなく、途方に暮れているときにはいつでも面白い現象が現れる。つまり徴《しるし》が求められ、徴を信じない人々ですらそれを求め、説明し難い出来事が深刻に受けとめられ、それに意味が与えられる。未来が人間にもたらすものについていまだ不安を抱きながら、未来への扉を開く鍵を探し求める。

彼らを案内する徴は有り余るほどそこにあるのだが、何年間にもわたって彼らに惜しみなく与えられてきた驚嘆すべき物事をすぐに忘れる。かくして、人は通常、まさに彼らが探し求め、懇願《こんがん》する徴候《ちょうこう》を見逃すのである。

人々がそのような徴を思い出し、それらを来るべき日々についての真の予告として受け入れる時が間もなくやって来る。それらを、歴史上のこのユニーク（独特）な時に、マイトレーヤと覚者たちの一団の出現と同時性を持たせた計画された顕現として理解するだろう。何か途方もない素晴らしいことが地球上で進行中であるということを人間に合図するそれらの徴はあまた存在し、変化に富む。見る目を持つ者たちにとってそれらは、人生にはまだまだ未知で神秘的な領域がたくさんあることを、人間がそれについてほとんど知らない法則があることを、そして何にも増して、人間はひとりではないということを、思い出させるものであった。

徴が存在する以上、その徴の創造者がいる。あらゆる宗教グループは彼らの選んだ神の啓示を待望し、それらの徴を彼らの信仰の確認として解釈する。そのような確認が危険な時代にあって彼らを支え、より良い未来への希望を彼らに与える。このようにして、期待と希望の風潮が何千万の人々の中に創られて、今差し迫っている出来事のために彼らを準備する。徴の意味は不明瞭であるけれど、それを否定できるものはほとんどいない。それは人間の直観と想像を刺激し、彼らの心（ハート）を来るべき啓示に開かせる。

限りなく涙を流したり動いたりする様々な彫像から、世界中で建物の前面を飾る光のパターンに至るまで——輝かしい光の十字架からミルクを飲むヒンズー教の神々の像——と徴は限りなくある。これらの不思議な出来事に心を動かされない人々はほとんどいない。

もちろん疑い深い人々や懐疑的な人々はいつもいる。しかし、それも長いことはない。非常に間もなく、期待の風潮は高まり、至るところにいる人間の心（ハートとマインド）にしっかりと記録されるだろう。そしてその期待に満ちた雰囲気の中に、マイトレーヤはお出ましになり、彼の使命を公に始められるだろう。そのようになるだろう。

（二〇〇六年四月号）

多様性の中の和合

世紀を通じて、人間は、最も独裁的なものから最も平等主義的なものまで、多くの異なった統治形態を採用してきた。今日、ほとんどの国が民主主義的な統治形態、すなわち政党を一般投票によって選ぶというやり方を選んだ。使われている投票制度は公正で、正直で、不正行為や詐欺行為のないものだと思い込まれている。残念ながら、最近の歴史が示すように、正直な選挙のプロセスを非常に強調する国々においてさえも、しばしばこれはそうではない。ごまかしやイカサマ行為は非常に多く、ずるい言い訳や策略によって、党派や個人が権力の座にもたらされる。

より独裁主義的なものは一党制支配の国家であり、様々な決議が、軍隊と警察によって支えられた〝強権者〟の委員会によって定められる。国民は彼らを支配する法律に対して発言権を持たず、そして彼らはしばしばそのような権利を主張する必要をいまだ感じない。またある国々は、権力と、それと共に得られる富を貪欲に求める残忍な独裁者に牛耳られている。ある国々は惑わされた狂信者によって支配されており、彼らと彼らの支持者は神の手の中にあり、神の計画を実行していると信じ込んでいる。さらに他の国々は、国民を貧困と苦しみから救い出そうと苦闘し、同時に裕福な隣国からの要求をかわすために苦闘している。

さらにまた、独立を求めて闘い、あるいは混乱と市民戦争の中に巻き込まれている国々がある。

人間はこの証拠から得られるレッスンを真剣に心に留めるべきである――様々に異なった民族の必要を組織する方法はたくさんあるということを。したがって、この最も重要なことに対処するには、より大きな寛容さが必要である。諸国家を支配する光線エネルギーは異なり、それぞれの特質を表現するためには異なった機構《しくみ》が必要である。民主主義だろうがなんだろうが、ただ一つの統治形態が普及すべきだということは、進化の大計画ではない。人間の必要は、イデオロギーよりもずっとリアル（現実）であり、より重要である。相違に対する寛容さは統合させ、イデオロギーは分割させる。

したがって、マイトレーヤが公に話をされるとき、多様性の中の和合が将来の調和への鍵であることを示されるだろう。すべての国家がそれぞれにユニークで神聖なる運命《さだめ》を持つことを示すであろう。マイトレーヤは、この幸いなる状態を達成するための道を示され、人間が大計画についてより賢明に理解するために彼らのハートを開くように鼓舞されるだろう。マイトレーヤの導きの下に、人間は彼ら自身のそして他の人々の達成の素晴らしさを賞賛し、高く評価するようになるだろう。競争し、支配しようとする強い衝動は徐々に鎮まり、同胞愛と平和のうちに人間にとっての新しい章が開かれるだろう。そのようになるだろう。

（二〇〇六年五月号）

目に見えない迫り来る危険

もし人間が、わたしたち覚者が見るように、世界の状態を見るならば、驚愕《きょうがく》し、唖然とし、そして同時に恐れおののくだろう。地球の状態についての人間の見解はあまりにも現実から乖離《かいり》しており、未来の可能性についてあまりにも判断力を欠いているので、助けなしには、彼らの住処《すみか》であるこの惑星が衰え、死んでいくのをただ見守ることになるだろう。

実情は、地球という惑星は悲しむべき危険な状態にあり、日ごとに、よりいっそう重態に近づいていく。多くの声が地球の温暖化について警告を発し、そして多くの見解が表明されてきたが、しかし最も恐ろしい予告でさえ、今日世界に降りかかっている惨禍《さんか》の実情にははるかに及ばない。この脅威の即時性とそれに対処するために必要とされるステップの緊急性を見る者はほとんどいない。地球温暖化によって引き起こされる危難は大きいことは確かだが、残念なことに、これは人間が今日直面している最大の、あるいは最も危険なものではない。知ってか知らずにか、人間はゆっくりと、しかし確実に人類種族と低位王国（動植物界）をますます中毒させる行為に従事している。あらゆる種類の、そしてすべての分野に存在する毒性、汚染はいまや人間と動物、そして地球そのものにとって最大の危険である。すべてが毒され、それぞれに病んでいる。

人間には知られていないが、わたしたち（智恵の大師たち）に明らかなことは、この悲しむべき物語の中で、人間と惑星が被《こうむ》っている最大の害は核放射能によって引き起こされている。人間はこの最も危険なエネルギー源の開発において、あまりにも間違った道に進んでしまった。貪欲と、巨大な利潤を求める誤った望みによって邪道に導かれ、彼らは人間によってこれまで発見されたものの中で最も危険なエネルギー源を〝手なづける〟実験に集中してきた。そしてその一方、原子のエネルギーの完全に安全な別の用い方を無視してきた。低温で無害な原子核融合は、大洋に、海に、河川に、そして雨が降るごとにどこででも入手できる水の簡単なアイソトープから得ることができるのである。

人間は〝死をもてあそぶ〟ことをやめなければならない。原子の核分裂は、広島と長崎を破壊した原子爆弾の結果である。それがチェルノブイリで爆発したものであり、今日、気づかれずに死や病気を引き起こしている。それは、〝あるべきではないところに立っているもの〟であり、もし人間がさらに繁栄しようとするならば、人間によって放棄されねばならない。

地球科学の研究者たちは、自分たちが化け物を実際に手なずけており、それをコントロールし続け得るという自信を持っている。彼らは彼らの使う機器が実に粗雑なものであり、核放射能の低位の面のみしか測定できないのであり、濃密な物質界のレベルの上位にはさらに精妙なそしてすべてのものの健康と安寧《あんねい》にとってさらに危険なレベルがあることに気づかないのである。この目に見えない危難を軽減しようと、カルマの法則の許す範囲内でたゆみない努力をしてくれているわれわれの宇宙の兄弟たちの助けがなければ、われわれの窮状は実に危険なものであろう。目覚めよ、人類！

（二〇〇六年六月号）

愛と平和の道

幸いなことには、助けが必要なときに人間が放っておかれたことは決してない。どんなに困難な状況だろうが、どんなに直面する危険が大きく深刻なものであろうが、人は一つだけ確信がもてる——すなわち彼の兄たち（覚者たち）から見放されることはない、ということである。人間の長い歴史において幾度も幾度も、すべてが失われて、人間の未来が危険なほど不確かになったとき、いつでもわたしたちの救助が手近にあり、人間の前進への道は再び復活されたのであった。そして今日、相容れない様々な勢力の大渦巻きの中に立ち、次のステップについて確信がなく、前方にある仕事の巨大さにほとんど圧倒されているこの荒々しいときにあって、然りである。

わたしたちは古《いにしえ》の隠遁地《いんとんち》から出て来て、わたしたちの思考とステップを苦闘する兄弟たちの援助に向け直す。すべてが失われているのではないことを、人間が彼らの生活を組み立てるために他のより良い方法が存在することを、和合と幸福は正義と自由から生じることを、分かち合いは和合の自然な行為であり、すべての人間の苦しみへの単純な答えであることを、模範によって示すために。

人類はわたしたちが与えねばならない叡知《えいち》の贈り物を欲しなければならない。偉大なる法がそれの強制を許さない。であるから、人類は彼らを取り囲む危険をはっきりと見て、決断と選択をしなければならない。

人類に案内（指導）が必要なことは議論の余地がない（多くの者がそのことを否定し、あるいはそれを見つけることができるということを否定するのだけれど）。そしてこの案内（指導）を、マイトレーヤ御自身が人類に提供されるであろう――彼らに考慮し、賢明に分別してもらうために。

それに応えて、人類は彼ら自身をひとつとして見なければならない。自由と正義を阻《はば》む古い障害物は捨て去られねばならない。すべての者が地球の豊かな贈り物を分かち合わねばならない。すべてが信頼という言語を学ばねばならない。われわれの住処《すみか》である地球という惑星を大切に看取《みと》り健康を取り戻さねばならず、その空気と土壌と水を浄化し、再び人間にとって安全なものにしなければならない。

これらが惑星の安定とその住民の健康にとって緊急に必要な条件である。一旦それらが採用されたならば、もはや過去の無秩序に戻ることは決してないだろう。人間は、貧困や戦争、搾取や残酷さ、腐敗や不正義に別れを告げるだろう。

人類は彼らの兄たちを熱心に見習い、そして愛と平和の道を歩むだろう。

今のこの時を決断の時と見なしなさい。すべてが、マイトレーヤの勧告に対する人間の反応にかかっている。あなた方の兄であるわたしたちは心配しているわけでも、悦に入っているわけでもない。マイトレーヤと人類の両方が直面する巨大な仕事をわたしたちは知っている。わたしたちはまた「いのちのしるし」の読み方を知っており、恐れてはいない。これを読んでいるあなた方は恐れることなく、地球の復興がすぐ近くにあるという事実を、過去の不正は衰え、それとともに古い統治法が衰えつつあるという事実を、広く知らせなさい。新しい案内は人間のための道を示すためにここにある――古《いにしえ》の、しかしいつも新しい指導が人間を山頂へと連れて行く。

（二〇〇六年七、八月号）

助けが必要とされる――そして提供される

もし助けがなければ、地球の人々の大多数に大きな混乱と危険とひどい心痛をもたらす生態、政治、経済の問題を直すための時間を、人間はもうほとんど持たないことが間もなく明らかになるだろう。地球の歴史において類のない状況である。人間が、管理人として、この惑星とそのすべての王国（動・植・鉱物界）の福祉を注意深く管理し、そして未来の世代のために活気にあふれた健康な惑星の住処《すみか》を引き渡す責任を持つことに気づくことに、多くがかかっている。人間の捕食的行動と無頓着な無視ゆえに、この惑星はあまりにも不健康になっており、もしこれが人間だったならば、回復の見込みはほとんどないだろう。人間と低位王国の住処《すみか》は、進化の大計画におけるその役割を果たすために、看護しながら健康を回復させなければならない。

同様に政治の領域においても大混乱が君臨する。諸国家は、過去に専念し、自分たちの方法がもはや今日や明日の必要に適応しないことを見ることができないグループによって導かれている。盲目で傲慢な彼らは、いのちの舞台を時代遅れの役者のように、方向も台詞も不確かなまま、威張って歩く。これらの破壊的な権力の強奪者に対して、『出口』と書かれたドアが大きく不気味に浮かび上がる。

経済と社会の領域は最も嘆かわしいものである。世界の富がますます少数者の手に流れ入るかたわら、数え切れないほどの人間が生き延びるための最低限を乞う。さらに何千万の人々は乞う力もなく、見捨てられて、人生を味わう前に死ぬ。これらの嘆かわしい、そして危険な状況を直すために、人間に何ができるか。彼らは苦悶の中で誰に助けを求めることができるのか。

極端な窮乏の中にある人間が助けを求める源は一つしかない。その助けは、求めさえすれば彼らのものである。あなた方の兄たちであるわたしたちは、あなた方の福祉と幸せのみを求め、いつでも喜んであなた方を援助し、そしてすべてのもののためのより良い未来への道を指し示す用意がある。

わたしたちはすべての人間をひとつとして、大いなる家族の兄弟姉妹として見る。同様に、人間は分離感を彼らの心（ハート）から払いのけ、そして人間の条件の中核にある同胞愛のリアリティ（実相）を再発見する必要がある。人間は、すべての人間は、潜在的に神であり、彼らすべてが栄える条件をぜひともつくらなければならない。これをなすために、あなた方がその方向へ最初の小さなステップを踏み出すとき、わたしたちは喜んであなた方を助けるだろう。その最初のステップは難しくもないし、危険をはらむことでもない。失うものは何もなく、得るものはあなた方の神性である。その最初のステップは「分かち合い」と呼ばれる。

（二〇〇六年九月号）

マイトレーヤの優先事項

世界はマイトレーヤと彼の救《たす》けを心待ちにしているのだが、この惑星と人類を安全にするためになさなければならないことは、まだ多く残っている。にもかかわらず、マイトレーヤが公の奉仕を始めるのを待つ時間はわずかである。であるから、マイトレーヤの道を整え、人々に、援助と希望が間近にあることを、大教師はここにおられ、すべての国の国民に直接語りたがっておられることを告げるのに残された時間はまさに短い。

だから、あなたの努力の速度を速めなさい。運命の時刻が到来したことを、間もなく大教師の臨在を喜び祝うということを、聞く耳を持つすべての人々に急いで伝えなさい。このことを告げて、彼らの希望と勇気を支えなさい。以前には聞く耳を持たなかった多くの人々が、今や耳を傾けるだろう。不安と恐怖が人々に被害をもたらした。徴《しるし》もまたその仕事を果たし、何百万もの人々を待望されていた出来事と啓示に目覚めさせた。人間の歴史の中で、これほど多くの人々が来るべき変化を感知し、その必要性を理解した時はかつてなかった。

かくして、マイトレーヤは、彼の臨在が熱望され、しきりに待ち望まれているという確固たる知識を持って、期待に満ちて準備のできている世界に出現されるだろう。

マイトレーヤは人類に優先事項の概略を示すだろう——それのみが、この地球とその住人すべてを安全に守ることができるのである。平和の必要性は最も重要である、平和なしにはすべてが失われる。平和は正義・公正の創造を通してのみ保証されるということを、マイトレーヤは断言するだろう。正義の欠如は戦争とテロリズムを産む。正義は分かち合いを通してのみ達成されることを、彼は主張するだろう。したがって、分かち合いが世界の平和と安全にとっての鍵である。

マイトレーヤは人間の心（マインド）をさらに緊急な地球という惑星そのものの病に向けさせるだろう。健全でたくましい惑星なしには次に続く世代の未来は危険にさらされる。われわれの住処《すみか》であるこの病める惑星に平衡を回復させるために、今行動することの緊急性をマイトレーヤは強調し、この主要な仕事に老いも若きもすべての人間の助力を呼びかけるだろう。

豊かな世界の中で現在飢えている人々の悲運が、マイトレーヤの主な関心を引き付けるだろう。――「この辱《はずかし》めほどわたしを悲しませるものはない」と言われる。そして世界の貧困な人々に対して、これまで知られたことのない規模の膨大な援助のプログラムの創造を活気づけるだろう。

これらが、人間の未来をしっかりと安定させるための即座の優先事項である。人間の自由意志は神聖であり、侵されてはならない。これらの主要な必要事項の実施は、したがって、人間の意志にかかっている。

人間は今選択に直面している――世界をひとつとして見て分かち合い、安全とありがたい

「平和」と幸福を知るか、あるいは地球上の生命の終末を目撃するか。

人間の選択が賢明になされることを確実にするために、マイトレーヤはいま出現して来られる。恐れることはない。マイトレーヤはすでに人間の答えを知っておられる、そして喜んでいる。

（二〇〇六年十月号）

最初のステップ

マイトレーヤが世界の前に現れるとき、人々はこの方を以前から知っていたことを、そして、彼の教えは予想外のものではなく、彼らの思考のレベルを超えるものでもないことを悟るだろう。彼は実に単純明快であり、すべての者が理解できるだろう。

まさに彼の単純さこそはびっくり仰天させるだろう。にもかかわらず、ほとんどの人は彼らが聞く教えを新しい方法で、突然悟ったような真理として、新しく彼らのより深いレベルに触れる真理として経験するだろう。アイディア（理念）は単純かもしれないが、それは人々の心（ハート）に共鳴し、新鮮で活気あるものとして感じるだろう。そのようになるだろう。そのようにして、マイトレーヤは人間の心（ハート）に触れて、世界中の兄弟姉妹たちを援助することによって自分たち自身を助けるように懇請《こんせい》するだろう。人々がマイトレーヤの呼びかけを聞くとき、彼が言うことを深く熟慮し、しばしば聞かれたそれらの言葉に不思議なくらい感動するだろう。彼らの心（ハート）はかつてないほどに反応するだろう。そして新しい理解と緊急性が彼らの反応を強化するだろう。

かくして、マイトレーヤは世界中の人間を行動と変化へと活気づけるだろう。後ろの方に立って（様子を見て）いた者たちは前面に出て来て、正義と分かち合いを、自由と平和を呼びかける騒ぎに参加するだろう。

もちろん、多くの人々はマイトレーヤを無視するだろう。多くの人々が彼のアイディア（理念）を忌まわしく、危険なものと思い、あるいはユートピア的で達成不可能なものと考えるだろう。またより陰険で恐れている者たちは彼の裡《うち》にアンチ・キリストを見、自分たちの恐怖の体現として彼を見るだろう。ある者たちは、もし彼らにその力があるならば、彼を直ちに磔《はりつけ》にしてしまいたいだろう。多くの者はどちら側に加担することもできず、塀の上にそっと座っているだろう。

応えることのできる者たちの数は増大し、分かち合いと正義を求める彼らの声を高めていくだろう。彼らはマイトレーヤの周りに集い、彼を支持し、そして彼らのリーダーでありメントール（すぐれた助言者）として、先生として、案内人として、彼を見るだろう。

かようにして、強力な世界の世論が形成され、変化を求めるだろう。政府は民衆のこれらの要求に抵抗することがますます困難になり、ある程度の変化を実施することを強いられるだろう。

民衆の力は増大し、マイトレーヤによって強化される彼らの声はますます強力になり、彼らの要求もより明確になるだろう。彼らのスポークスマンが世界に向けて語ることを民衆は要求するだろう。そして大宣言の日、すなわち新しい夜明けの最初の日の舞台が用意されるだろう。大宣言の日に、初めて、マイトレーヤは彼の本当のご身分と名前を確認し、その日は、歴史を通じて、人類の進化の転換点として突出するだろう。それは特別な日として、新しきものの始まりとして、人類の神聖化として、人類を待つ栄光の未来への門口として、年代記に記されるだろう。その日は遠い先ではない。

（二〇〇六年十一月号）

戦争の無意味さ

人間が戦争をすると、彼ら自身や他の人々の生命を危うくするのみならず、自分たち自身の生命そのものが生かされているこの惑星の健康をも危うくする。死の兵器のために使用されるあらゆる種類の金属を得るために、地球はめったやたらに略奪される。この惑星の豊かな富を享受する権利を持つ未来の世代の必要に、何の配慮もなされない。数え切れない何百万トンものねじれ曲がり錆付いた鉄が、人間が恐ろしい見世物を演じる〝戦争の舞台〟を飾る。人間はたえまない爆撃によって彼らの精妙な体（エーテル体）に加えられる破壊を見ることが、いや想像することすら、できない。これまでにないレベルの騒音がこれら（エーテル体）の繊細な被いを破り、切り刻む。人間の躯体《くたい》はそのような乱暴な扱いに耐えるようにつくられてはいない。かくして、彼らは自分たち自身に対して取り返しのつかない危害を加えている。人が戦争の無意味さに気づくのに、一体どのくらい長い時間を要するのだろうか。戦争は何の問題も解決しない。ただ混乱をつくるのみであり、人間の進歩を阻《はば》む。

言われなければならないことは、ある少数の人々は戦争の行為を好むということである。彼らにとって、（戦場での）勇敢な行為は彼らの意志と技《わざ》のテストである。しかし主に今日、人々はイデオロギー的な理由のために、大義のために、戦争に惹かれる。であるから、権力の手綱《たづな》を握る諸国家のリーダーたちが戦争か平和を制定するのである。平和な世界を保障するためには、リーダーを注意深く選ばねばならない。

この問題に多くの考慮がなされなければならない。中東における最近の出来事は、法のルールに違反し、混乱を解き放つことがいかに簡単かを示した。その違反行為を修正し、解決をもたらすことは、また全く別のことである。

マイトレーヤはこれらの出来事を注意深く見ておられる。それらが起こるにつれて、緊張とその緩和を正確に計算し、そして絶えず平衡を確立しようとされる。このことに関して、マイトレーヤを通して集中される平和、平衡《へいこう》の霊のエネルギーが重要な役割を演じる。強力で正確なそのエネルギーは、諸国家の国民を非常に困らせる憎しみと争いの本能の潮流を変えている。

国民自身が彼らの役を演じ始めている。投票箱やデモ行進を通して、彼らの声を聞こえさせ、平和への要求を知らしめている。この時点から、後戻りはない。民衆は彼らの力を感知しつつあり、彼らが欲する平和を彼ら自身がつくりあげていかなければならないことを、そして自由とともに正義が支配するときのみ、うれしい平和が保障されるだろうということを理解し始めている。

増大しつつあるこの認識は、マイトレーヤの早い出現の舞台を整えるだろう。

（二〇〇六年十二月号）

マイトレーヤは進み出る

マイトレーヤの出現はほとんど達成している。彼の公開された公の仕事は本当にもう間もなく始まるだろう。それから、教えの過程と徐々に世界に知られていく過程が始まるだろう。これにかかる時間はまだ明らかではないが、しかし比較的速やかに進むだろう。もちろん、まず初めは、彼の見解と勧告の性質に対して多くの反対があるかもしれない。これは予想されることである、彼の考えは一般的な考え方からあまりにもかけ離れているのであるから。しかしながら、徐々に、マイトレーヤの鋭利なマインドは、環境や社会、経済、政治の事柄についての現在の信条にある欠陥を見抜き、暴露するであろう。彼の言葉の論理とそれについての賢明な理解が増すにつれて、多くの人々に耳を傾けさせ、さらに熟考することを促すだろう。その間、彼の光線が非常に大勢の人々の心に浸透して、彼の単純なことばを真理の啓示にするだろう。誰もまだマイトレーヤの愛あるパワーを知らず、彼の計り知れない知恵を推し量れる者はいない。

彼の大義に何百万という人間が結集し、分かち合いと理解を通しての平和と正義を要求するにつれて、人々は熱狂し、新しい希望と同胞愛と正しい関係への願望によって活気づけられるだろう。彼らはこれまでにかつてないスケールの変化を要求するだろう。政府と権力の座にある者たちはその要求に応えることを強いられ、そして、変化に抵抗する殿堂は今や力を得た世論の声の猛襲の前に少しずつ崩れ去るだろう。かくして、論理と啓示と、そして彼の愛によって生じる信頼によって、マイトレーヤはすべての人間の心（ハート）に、たとえ知られずとも、存在している善意を活用するだろう。

マイトレーヤはテレビやラジオを通して何百万もの大勢の人々に語りかけるだろう。彼が出てくるたびに伴う彼の祝福を分かつ機会をすべての者が得るだろう。かくして、世界中の人々がマイトレーヤのメッセージを知り、心（ハート）の高揚《こうよう》を経験するようになるだろう。彼の身分（アイデンティティー）について多くの憶測がなされ、多くの意見が提供されるだろう。しかし、すべての者がそれぞれの異なった方法で、新しきことの先触れとして、健全な真理の伝達者として、彼らの心（ハート）に近いライフスタイルを示す者として、彼を見なすだろう。

もちろん、彼のアイディアに恐れを感じる者たちがおり、彼の（出現の）進行を止めようとするだろう。しかし、彼のことばの美しさと分別がますますすべての国の国民を鼓舞し、彼を彼らのスポークスマンとして、リーダーとして見るだろう。そのようになるだろう。民衆は、彼らに代わって世界全体に向けて語ることを、彼に呼びかけるだろう、そうして大宣言の日が発表されるだろう。

それはこれまでにもかつてなく、そして今後もないだろう。その日は、マイトレーヤに、新しい時代の世界教師として、霊的ハイアラキーのリーダーとして、そしてすべての宗教団体が待望する方として、御自身の名前とご身分と目的を明かす機会を与えるだろう。彼の助けを必要とする者たちすべての友として教師として、御自身を紹介されるだろう。人間の苦しみと苦難を知っており、彼らのつらい運命を和らげることを求める簡素な男として、すべてを完全に条件なしに愛する者として、われわれに歓びへのステップを示すために来た者として、御自身を示されるだろう。

そのような方が今まさに世界の前に進み出ようとしており、すべての者に彼の助言を与えようとしている。それらのことばをわれわれは聞いたことがあるかもしれない。今や、彼の祝福と共に、われわれはそれらの意味を理解し、行動するのである。

（二〇〇七年一、二月号）

光の勢力は集合する

世界の多くの場所で重要な出来事が起こっている。至るところにいる人々は、その報告に驚嘆するだろう。それらは、われわれの近隣の惑星、特に火星と金星からの宇宙船がこれまでにない数でわれわれの視界に見えることを含むだろう。地球の広大な範囲の領域で、このような活動の増大はこれまでに見られたことはないだろう。この現象のリアリティ（現実）を真剣に受け止めることを断固として拒否してきた人々は、それを否定することが難しいだろう。宇宙船の乗組員との接触についての報告がますます多く出てきて、彼らの存在の事実についての証言に加えられるだろう。あらゆる種類の奇跡的な出来事は続き、その数と種類は増していくだろう。人間の心（マインド）はこれらの不思議な事物に困惑し、驚くだろう。そしてこれが彼らに深く考え込ませるだろう。

この不思議な事物に満ちて、驚異の目を見張らせる世界に、マイトレーヤは静かにお入りになり、彼の公の仕事を始められるだろう。彼らの疑いや不安を打ち消して、これらの出来事を説明することを、マイトレーヤは頼まれるだろう。そして彼はそれらが確かな事実であることを請け合うだろう。これらの途方もない出来事は減ることなく続くだろう。その結果、多くの者たちが世の終わりを予言するようになるだろう。しかしながら、マイトレーヤは彼の単純なやり方を続け、これらの出来事を異なったように解釈されるだろう。

かくして、マイトレーヤは人間にいのちの驚嘆すべき雄大さと意図を見ることを鼓舞するだろう。その様々なたくさんの層を人間はまだほとんど知らない。マイトレーヤは、穏やかに、少しずつ、人間存在の基本的真理を、それを支配する法を、そしてこれらの法の範囲内で生きることによって達成される恩恵を、人間に紹介していかれるだろう。われわれの銀河の広大さを人間に熟知させ、そして、やがて時を経て、地球の人間は「空間」と「時間」を征服するだろうということを示されるだろう。人間が彼らの問題に対する答えを外と同様に裡《うち》に探すことを鼓舞されるだろう、そして人間のお互い同士との、そして宇宙との不変のつながりを確認するだろう。彼は人間に、彼らの長い歴史と、彼らが克服してきた多くの危難について思い出させるだろう。マイトレーヤはわれわれ自身の光り輝く未来についての信の種を蒔き、人間の永遠の神聖を保証するだろう。人生の道、進化の旅路は絶対確実に前進へ、そして上へと導くことを示すだろう。そしてその旅路を、兄弟姉妹として共に歩むことが最も確実な方法であり、最も歓びに灯された道であることを示すだろう。であるから、マイトレーヤのお出ましの合図《しるし》を探し、それを広く知らせ、あなたの兄弟たちの希望を高めなさい。

（二〇〇七年三月号）

星々への道

人類はもはや明白な抜け道のない袋小路に来てしまったことが、間もなく明らかになるだろう。市場フォース（エネルギー）に盲目的に追従してきたことが、諸国家を市場と利潤獲得のための熾烈《しれつ》な戦いの中で行き詰らせた。

経済がぐらつくにつれてより慎重に歩を運ぶ者たちがいる一方、他の者たち、特に新興成金は、よりいっそうの富と成長を得ようとがんばり続ける。すべてが良好ではなく、未来は予想以上に暗く、絶えず憂慮していた暴落は結局そんなに遠い先のことではないかもしれないということが、より経験のある者たちにはゆっくりと見え始めている。新しいリアリズム（現実感）が見え始めていると言えるかもしれない。

この状態の中で、世界の諸政府が取れる道はただ一つである――それはあまりにも新しく、あまりにも計り知れないことのように思えるので、その実現性についてほとんど考慮が払われなかった。

この新しい道は、諸国家へのマイトレーヤの助言の礎石である。それは試みられたことのない道であるが、その効力は非常に明らかなので、それが実施されたときに、人々は自分たちの行動のもたらす成功に驚嘆するだろう。その道とは、分かち合いであり、人間の一体性についいての率直なデモンストレーションである。分かち合いの原則が神聖の特質を顕現《けんげん》させる。人間が分かち合うとき、彼らは自分たち自身を潜在的な神として示すだろう。この同胞愛の素晴らしいジェスチャーほど真に神聖なものはない。人間がこれを見るとき、彼らは自分たち自身について新しい定義をするようになり、そして「正義の時代」を確立し始めるだろう。そのようになるだろう。

マイトレーヤが人類の日常生活の中に入り、勧告をし始めるとき、人間にとって新しい章が開かれるだろう。彼らはこの広大な宇宙の中で独りではないことを知るだろう。彼らの「兄弟たち」が人類のために働いてくれている領域が他にたくさんあり、多くの害から守ってくれていることを知るだろう。マイトレーヤは、これらのはるか遠くからの「兄弟たち」とのコンタクト（接触）の時代の幕開けをなさるだろう、そして相互の交流と奉仕の未来を確立されるだろう。そのようになるだろう。

我が友よ、これらはつまらない夢ではなく、熟知しておられる方の熟慮の上での言葉である。であるから、勇気を奮い起こしなさい。そしてあなたのビジョンと奉仕への能力を拡大する用意をしておきなさい。マイトレーヤは、星々への道は悟りへの実行可能な旅路であることをあなた方に示してくださるだろう。ひとつのいのちの構成単位は、宇宙全体を通じて顕《あらわ》されている（存在する）ことを示されるだろう。今までは、この知識は人間には明かされていなかったのだが、次に続く未来の世代のために確かな道を提供するだろう。であるから、多くのことがマイトレーヤの導きに対する人間の反応に依存する。人間は確かに選択肢を持つ――人間の壮大さの（これ以上の）発展が阻害されたままで留まるか、あるいは本当に本来の人間である紛れもない神になるか。マイトレーヤは、人間が彼らの心（ハート）から反応することを、そして彼らを彼ら自身の神性に向けて導いていくことを確信しておられる。

（二〇〇七年四月号）

惑星の救済

人類が彼らの住まいである惑星の生態圏の不均衡がいかに深刻であるかに気づくとき、その状況の改善のために極めて緊急に必要とされるステップを取らなければならない。もし十分な決意で対応することに失敗するならば、人類はこの惑星を徐々に、しかし必然的な破壊に陥《おとしい》れることになる。そうすると、どんな遺産を子孫に引き渡すことになるのか。この自己破壊を蔓《まん》延《えん》させないためには、すべての者が共に行動し、必要な犠牲を払わなければならない。これは惑星の保全に対する態度の変更、および今日、人間にとって必要と見なされているところのものについての完全な変更を必要とする。

ある人々にとっては、必要とされる変化を承認することは容易でないだろう。しかし、そのような変化によってのみ、この惑星のいのちは保証され得る。すでに地球上の欠くことのできない森林の蓄えに深い食い込みが起こっている。森林の乱伐は酸素の減少と炭酸ガスの上昇を生じさせた。これは今や危機的段階にあり、即刻、行動する必要がある。

地球温暖化の現実は今や大勢の人々の心（マインド）に目覚めつつある、しかし、圧倒的な証拠にもかかわらず、人間の行動が原因であることを否定する者たちがまだいる。

わたしたち、あなた方の兄たちは、人間の行動が地球温暖化の八十パーセントに責任があるということを、完全な確信をもって言うことができる。

マイトレーヤがこの緊急の問題に人間の注目を向けさせるのは長い先のことではないだろう。彼は人間に選択肢を突き付けるだろう——一つには、今行動することによる有益な結果か、そしてもう一つは、何もしないことから、あるいはあまりにも少ない行動の結果としての破壊か。かくして、決断は人間のみが行う。

人間がこれを理解するとき、彼らはまさにこの大義の下に結集するだろう。彼らの子供たちの未来が、現在の行動に依存していることを知るだろう。そしてマイトレーヤと彼のグループから、彼らが取るべき必要なステップを引き出すだろう。マイトレーヤは、より簡素な生活を、惑星の状況の現実により見合った生活を提唱するだろう。これが必要であることを十分に多くの人々が確信するとき、簡素化への運動が惑星全体を通じてますます大きく広まるだろう。何千万の人間が変化の必要に鼓舞されて、それは極めて異常な速さで進むだろう。

このようにして、地球という惑星が直面する最も深刻な危険は、いくらか押し止められるだろう。これが多くの人々を勇気づけて、彼らはさらなる変化への用意を進めるだろう。必要な変化のジレンマに直面して、人間は分かち合いの原則を受け入れることの必然性に気づくことになるだろう。

分かち合いのみが、これらの変化を実際的で可能なものにするだろう。分かち合いを通してのみ、この惑星の賜物《たまもの》はうまく利用される。分かち合いを通してのみ、この賜物《たまもの》は正しく管理されるだろう。このようにしてのみ、惑星自体はその環境およびその住民と調和して生きることができる。

（二〇〇七年五月号）

変革

イラクにおける民間人死者の本当の数は今や八十万人を超え、重軽傷の負傷者数は少なくとも百万人に上るということを知っても思いがけないことではないだろう。占領国はこれらの数字をいつまで国民から隠しておけるのか。これらのぞっとするような破壊の統計を、自分たちの目的のために隠したり、減らしたりするのに、占領国の権力者たちがあらゆる努力をしていることは言うまでもない。であるから、何百万ものイラク人が彼らの国から逃げたのは不思議ではない。イラクへの侵略が近年における最大の災害として――不法な、不必要な、そして極端に傲慢な行為として――間もなく認知されるようになることは驚くべきことではない。

世界が待つ間、アメリカ人とイギリス人は、彼らがつくりだした泥沼から脱することを、そしてそれをできる限り体面の保てる口実をつくって行うことを求めている。もちろん、勝利の旗印はあがらない。残される遺産は、死と意図的損傷と権力の乱用のそれである。

他方、再建のフォース（勢力）は、破砕した壁――イラクにおいては物理的な、その他の地域においては心理的な壁――を修復するための仕事を始める準備を整えている。世界はこの不幸な出来事から生じる未知の結果を不安のうちに待つのだが、多くの人々の希望は不思議なくらい高い――真の理由なく、と言う人々もいる。全世界が容易ならざる変化への気構《きがま》えをしつつあることを、人々は知る由もない。それは中東のトラウマのみならず、地球自体の危機と悲劇を正すだろう変化である。

マイトレーヤは扉を音高く叩く。その扉は間もなく開き、愛の主は騒々しい争いの中に踏み入るであろう。人々がこの方を見るとき、彼のことばの簡潔さに、しかもまたその明快さに驚嘆するだろう。彼の智恵は人々を困惑させると同時に喜ばせ、彼に従いそして世界を再建する用意のある者たちを彼の下に引き付けるだろう。彼の名前は「勇気」であり、また「目的の強さ」である。偉大なる主はこれまでにかつてないほどに装備を整えており、人間を苦しませ、軽んじるものすべてに戦いを挑もうとしておられる。

われわれの中にそのような存在がおられるという概念を一笑に付す者たちが大勢いるが、しかし間もなくこれらの言葉の真理を知るようになるだろう。そしてマイトレーヤを支持するか、対抗するか彼らの位置を決めるだろう。このようにして偉大なる主は、人類の生存についての問題を彼らの前に置くだろう。人間は、皮膚の色や信条が何であろうと、本質的にひとつであることを、そして地球の豊かな資源はすべての人類に属するものであり、その富を分かち合うことが未来への鍵であることを示すだろう。

分かち合いのみが、そしてそれがもたらす正義（公正さ）が人間に希望を与えるだろう。分かち合いのもたらす正義のみが、戦争とテロという疫病を終止させるだろう。分かち合いと正義のみが、人間を彼らの真の遺産であるあの「同胞愛」に導くことができる。人がこれを悟るとき、彼らはそのチャレンジに立ち上がり、今われわれをひるませる多くの問題に一つずつ取り組むだろう。

マイトレーヤの光が、起こらなければならない変化への彼らの熱望を支え、均衡を保たせるだろう。そして、正しい順序で、世界は再生させられるだろう。そのようになるだろう。

（二〇〇七年六月号）

運命の歯車の回転

人間は、自分たちがいかに自己破壊の寸前にまで行ったかに気づくとき、自分たちの行為の影響の重大さを考えてぞっとするだろう。人間がこれほどまでの危険に直面した時はめったになかった。最悪の逆境の中でも、彼らは悲運に逆らって戦い、自分たち自身を試してきた。しかしながら、近年において、人間はあまりにも彼らの方向感を見失ってしまい、自分たちが直面する危険に気づいていないようだ。この危険と試練は大体において彼ら自身がつくり出したものであるということ自体が、彼らの平静さと明らかなる無関心につながっているということは疑いない。人間がこれを知るとき、彼らの行為が自分たちをいかに絶滅の近くまでもたらしたかを知り、ひどく驚くだろう。人間はまさに死を弄《もてあそ》んだのであり、彼らを助けることを誓った者たち〔覚者たち＝訳注〕に途方もない重圧を課した。もちろん、人間はこの危うい脱出についてほとんど、いや全く知らず、のんきに彼らの道を歩み続けている。その道は不毛の荒廃地につながるのみであることを、彼らはまだ理解していない――あまりにも深く物質的な野心に浸かり込んでいるのである。

しかしながら、人間の創造的な努力を待つ可能性は大きく、そして光が見え出して彼らの目から目隠しが落ちるとき、彼らの達成は大きいだろう。

この認識は、人が再び意識を内面に向けて、すべての人間が直観的に切望する和合と同胞愛を心（ハート）の中に見つけるときに目覚めるだろう。そうすると、新しい希望と霊感の開花が訪れるだろう。それは上昇へ〔魂に向けて＝訳注〕の旅の新たなる開始とより良き世界の創造につながるだろう。簡素さと正直な努力が、今日人間生活のすべての面を汚す現在の腐敗に取って代わるだろう。人々はマイトレーヤと彼のグループの覚者たちを熱心に見習おうとし、そうして彼らの機構《しくみ》や規範を浄化するだろう。

マイトレーヤと彼のグループの導きを得て、人々は新しい機構《しくみ》の単純さを好むようになり、そしてその中に深い満足感と結合力を見いだすだろう。彼らは、それがもたらす競争と緊張の剥奪された世界に安心するだろう。共に協力のうちに仕事をしながら、自分たちが行うことすべての中に深遠な幸福と充実感を見いだすだろう。

マイトレーヤは彼の援助と助言を決して出し惜しみされないだろうし、あなた方の兄たちである覚者たちもまた、新しい文明の建設を鼓舞するための努力を惜しまないだろう。来るべき大殿堂を優美に飾るだろう驚嘆すべき事物は、すべての人間を喜ばせ、驚かせるだろう。その建設に一人ひとりが果たすべき役割を持ち、すべての人間がその達成に最善を尽くすだろう。そのようになるだろう。

（二〇〇七年七、八月号）

人間性の神性

すべての人間の意識の奥深くに神性（神）についての自覚がある。ある人々にとっては、それは心（マインド）のより表面近くにあり、また他の人々にとっては、何か重要な出来事か刺激がそれを眠りから目覚めさせるまで、比較的知られず、発見されないままである。かくして、ある者は神の存在を容易に肯定するが、他方、多くの者は、彼らの五感で知ることができず、測ることができず、理解できないものすべてについてのリアリティ（実相）を、しばしば興奮して、拒絶する。

今日、多くの者がマイトレーヤの臨在を、彼のエネルギーが意識のすべての界に浸透していることをますます感知しつつある。彼らはマイトレーヤの名前も、その存在さえも知らないかもしれないが、しかし彼のエネルギーに反応して、世界における新しいそして霊的な風潮に気づいている。彼らは、自分たちが神聖なるもののオーラの中に生きており、それを説明するのは困難だが、すべてが良くなるだろうということを、ますます確信をもって知っている。また彼らは、自分たちが孤立した存在ではないことを、彼らの祈りは聞かれていることを、そして何か素晴らしい聖なることが地球という惑星に起こりつつあることを知っている。今日のストレスの多い危険な状況は終わりに近づいていることを、われわれの時代の恐怖や失敗の先に、新しいより良い世界が形づくられるはずであり、そしてそれはそのように形づくられるだろうということを感知する。

その間、マイトレーヤは、人間の進歩と福祉を妨げるものすべてに、人間の神性の表現を妨げるものすべてに戦いを挑み、また人間自身の恐怖心ともろさと戦う用意がある。

人間がいと高き源から来たのであり、神の特質をすべて潜在的に備えており、彼らを縛りつける恐怖から解放されるならば、その神性と創造的な才能に値する文明を築くことができることを、マイトレーヤは示されるだろう。

恐怖心と信頼の欠如のみが、人間を彼らの生存を脅かす今日の危険な状況に追い込んでいることを、分かち合いという単純な行為が彼らの困難に満ちた世界に正義と平和をもたらすだろうということを、そして人間は自分たちをひとつとして、ひとつのグループとして、唯一なる御父の子供たちとして認知しなければならないことを、マイトレーヤは示されるだろう。

彼はそのように語るだろう。そのようにして、彼は人間に変わることを呼びかけるだろう。

人間はどのように反応するだろうか。彼らの状態と問題についてのマイトレーヤの分析をどう考えるだろうか。世界における変化と救済を力説しているのはマイトレーヤのみではない。多くの賢明な男女が彼の思考とエネルギーに反応して、彼のアイディア（観念）を広く提示する。ゆっくりと、しかし確実に、これらのアイディア（観念）は根付いていき、これまで無関心で、関わり合わなかった人々の大きな集団を教育していく。このようにして、マイトレーヤの道は整えられつつある。

そうではあるが、マイトレーヤは、いかにして変化の方向に向かうのに必要とされる非常に大勢の人々の心（ハート）に触れることができるのか。その答えはマイトレーヤのエネルギーの力（効力）にある。そのようなパワー（力）を備えた大教師が世界の前に立たれたことは、これまでかつてなかった。マイトレーヤが発する一言一言に乗って、彼の情け深いフォース（エネルギー）がハートからハートへと流れ込む。議論や討論は役に立たず、不必要である。彼の真理が聞く者たちの心（ハート）に真理を呼び起こし、彼らの共有する神性のるつぼの中で真理そのものとして認知される。

（二〇〇七年九月号）

一歩一歩

あなた方の長兄であるわたしたちは、すべての人間が、知ってか知らずか、没頭しているところの進化の過程について、折に触れて、彼らに理解させようと試みる。この目的のために、特定の時期に、人間の心（マインド）を拡大させて、彼らの旅路を軽くする知識を与えるのに有用だと判断される教えを、弟子たちに、部分的にあるいはその全体を、伝達するのである。

今後もこの教え方は続けられるが、他方、マイトレーヤと彼のグループ（の覚者たち）は、一般大衆とますます直接に関わっていくだろう。このようにして、人類は、多かれ少なかれ秘教的な特質を持つ進化の過程についての教えと、一瞬一瞬の彼らの人生の環境との間のつながりをより明確に知り、より完全に評価するだろう。人生の意味と目的について、そして彼らを支配する偉大な法について、より深い理解がこのようにして確立されるだろう。かくして、全体としての人類による前進への大きな歩みが期待される。

弟子たちやイニシエートたちにとって、その教えは通常の方法で進められるだろう——すなわち睡眠中の時間に、あるいは特定の弟子たちを通して伝達され、出版された教えを通して伝えられる。それ以外に、覚者たちが公に働くようになるので、ますます多くの教えが直接に伝えられるだろう。これはもちろん学びの過程を速めるだろう、そして弟子たちにとってはその旅路はかなり短縮されるだろう。さらに、覚者たちの臨在は、弟子たちと世界の〝一般の〟人間との間に今日存在する大きな隔たりを除去する助けとなるだろう。多かれ少なかれ、すべての人間が、いろいろなレベルで、意識的に発見の旅路をたどり、人生の重要性についてますます認識していくようになるだろう。そのようになるだろう。今のところ、わたしたちが使う教えの提供の方法をどのように変えていくかについて、まだ青写真しか存在しないが、徐々にこの青写真は生きた形態に変わっていくだろう。それからすべてのものが恩恵を受け、成長するだろう。

人間が彼らの世界をつくり直し、正しい人間関係を確立するために取るステップの一つ一つが、彼らを完成に導く旅路における前進のステップであることを、マイトレーヤは人間に示されるだろう。そして弟子たちにとっての内的なステップは、いまだイニシエーションの過程に従事していない人間の外的なステップによって調和されなければならないことを、すべてが相互に関連しており、統合された全体であることを、示されるだろう。一歩一歩、人は各々のペースで自分の行路を歩む。一歩一歩、人は無知から知識へ、不正義から正義へ、隷属から自由へと動く。

そのような努力の中で、進歩は遅々として、あり得ないように見える時があるだろう。しかし人間は自信と信頼を増し、そして「一歩一歩」の方法を学ぶだろう。人間の天賦の神聖は、今は物質主義と商業主義の中に見失われているが、マイトレーヤと彼のグループの教えの下で新たに開花するだろう。人間は、彼のすべての必要の創造的源として自分自身を知るようになるだろう。

二〇〇七年九月一日（二〇〇七年十月号）

註＝この号からは、覚者が記事をベンジャミン・クレームに伝えてくださった日付も共に掲載してある。

地球は産みの苦しみの中にある

地球温暖化とその結果がもたらす気候変動によって提起される危険を真剣に受け止め始めた人々がやっと現れたと言ってよかろう。その危険の実体と度合いについて、そしてその中で、それが存在することについての合意ができた問題に対処する最善の方法について、かなり意見の相違があることは確かである。しかしながら、破壊の進行を止め、環境を安定させるためには人間は途方もない仕事に取り組まねばならないということを、少なくとも認めつつある人々がいるということは疑いない。最も認識のある、関心を持つ人々でさえ、この問題の大きさとその複雑さの度合いがどれほどのものかについて、ほとんど知らないということもまた事実である。

汚染問題がその一つである。汚染は様々な形をもち、あるものは明らかであり、意志さえあれば容易に対処できる。しかしながら、あるものはいまだ人類に知られていない科学と救済策を必要とする。それはあまりにも有毒で破壊的であり、その克服は最優先されなければならない。空気の質や食物や動物、そして河川や海洋の魚に対する汚染の結果は知られているにもかかわらず、ほとんど無視されている。あらゆる汚染物質の中で最も破壊的な核放射能による汚染は、地球科学の科学者たちによる発見を待つ。核放射能の上位レベルは、現在の原子力テクノロジーを超える。またそれは人間と低位王国（動植物界）にとって最も有害で危険なものである。これらすべてのレベルにおいて、汚染の問題は克服されねばならない。これは現在の政治、経済、社会の完全な再建によってのみ達成することができる。

人間は地球を荒らし、汚染し、そして自分自身の住む環境をひどく破壊した。今人間は自分たちが傷つけたところのものを救済することを最優先と見なし、自分たちの病んだ惑星を健康に戻さなければならない。惑星に対する要求を簡素化し、簡素さの美を学び、分かち合いの歓びを学ばなければならない。人間はほとんど選択肢を持たない――その仕事の緊急性は即刻の行動を要求する。すでになされたダメージ（損傷）の本当の規模を認識する者はまさにほとんどいない。問われなければならない問題は、地球という惑星を救済することができるか、それはどんな方法によってできるのか、ということである。

答えは大きく鳴り響く「然り」であり、その方法には大多数の人間による現在の生活様式の変容が含まれる。

いわゆる〝開発された〟国々すべての最高の野望は彼らの経済の成長率をさらに高め、それによってさらに豊かになることである。そして、競争に基づいた経済社会で、支配力と力（パワー）を達成し、さらに高度の生活水準を享受することである。そのためには、地球の略奪、資源の無頓着な浪費は単に自然なことであり必要だと見なされる。この無責任な行為がついに惑星地球をほとんど屈服した状態にまでもたらした。

マイトレーヤがこの緊急問題を取り上げ、そして彼の解決法を提供する時は長い先ではないことは確かである。彼が提唱する最初のステップは、今日多くの者が否定するこの問題の緊急性を受け入れることである。分かち合いは、われわれの災いへの答えと地球の再生を提供するための変化のプロセス（過程）の始まりであると、彼は言われるであろう。

二〇〇七年十月十四日（二〇〇七年十一月号）

未来に備えて

一つの時代の終わりと新しい「宇宙の周期」の始まりにかけて、すべてがばらばらになり始める。古い、試みられてきた生活のあり方はもはや機能しないか、あるいは前進しつつある人類の必要を満たさない。確信が不確かに代わり、知られていることはその説得力を失い、人々は当惑し、途方にくれ、恐怖でいっぱいである。かくして、古い双魚宮《そうぎょきゅう》（パイシス）の時代と新しい宝瓶宮《ほうへいきゅう》（アクエリアス）の律法の間にあるこの移行の局面にあって、今日われわれは当惑しながら立つ。

宝瓶宮の時代はおよそ二千三百五十年続くだろう、そしてそのエネルギーが次の数世紀にかけて力を増大させていくにつれて、人々に多くの恩恵をもたらすだろう。しかしながら、現在は双魚宮の、もはや用をなさないのだが、まだ抜け出せない古いやり方が大多数の人間の思想と行動を左右し、支配する。そうであるから、数え切れないほどの大勢の人間が、現在のところ強力で支配的な国々のリーダーたちの行動によって牛耳られている。かくして今は激変とストレス、不調和と葛藤の時である。

この苦悩の時はもはやあまり長く続かないだろうということは確実である。すでに、変化の兆候は、あなた方の兄であるわたしたちには明らかである。現在のものとは全く異なった状況の輪郭がはっきりと見える。わたしたちには、平和な世界が、正義が支配し、自由が至るところにいる人間の生活を飾る世界が見える。現在の病は過渡的で過ぎ去るものであることを、新しい夜明けの光が人間の生活を照らし、彼らを行動へと駆り立てることを、わたしたちは知っている。また、人々は心（ハート）の中で変化への用意ができており、それを願望していることを、そしてそのチャレンジに熱意と意志をもって立ち向かうだろうということを、わたしたちは知っている。彼らは鼓舞（インスピレーション）と導きを待つのみである。

マイトレーヤは約束の時刻を待ちながら、その鼓舞（インスピレーション）と導きを、完全に、そしてより多く授けることを切望する。それは、カルマの法則によって、彼が進行するのを可能にする。

そのとき、偉大なる主は公に人間の分野にお入りになるだろう。そうして、彼は権力と富を持つ人々の思い上がりに挑戦するだろう。マイトレーヤは声なき何千万の人々のために、日々苦悩の中に生きる貧窮し飢えた人々のために、彼らの〝上位〟の者たちの勅命にあえて挑戦し獄中で衰えている人々のために、語るだろう。マイトレーヤは、正義と自由を愛する者たちのために語り、彼らの大義の声を高らかに上げるだろう。彼は、戦争によって支配する者たちの激怒を和らげるだろう。そして人間の王国を汚す戦争が入り込む扉を永遠に閉ざすだろう。これらのすべてを、マイトレーヤは人間を通して達成し、地球に平和と健全さを復興させるだろう。

穏やかに、そして目的をもって、彼は人間が受け継ぐべき黄金の未来に備え、そのような未来を形づくっていく男女である〝輝ける光〟を集合させるだろう。

二〇〇七年十一月十一日（二〇〇七年十二月号）

メディアへの呼びかけ

人々は、マイトレーヤが本当にわれわれの中に存在し、彼の仕事を実行するという証拠を何年もの間、確かにいらいらしながら待ってきた。われわれの世界に膨大な変容が起こっていることは明確であり、その一つ一つがマイトレーヤによって予言されて、それは一般の人々にそして世界のマスコミに伝えられてきたことを考えると、この疑いがなぜ、そんなに長い間執拗に続いたのかを理解するのはおそらく困難である。そのような歓迎すべき出来事が確かに起こったということを――たとえ一つの仮説としてでも――受け入れることを阻《はば》むものは何か。

世界のマスコミはこの情報のあらゆる面を知っている――しかしながら、この情報の特質についてほとんど一般の人々に知らせていない。多くのメディアの代表がマイトレーヤにお会いしたことがあり、彼が話をするのを聞いたにもかかわらず、彼ら自身はいまだ沈黙したままである。

なぜそうなのか。この歓迎すべきニュースを一般に発表するのを抑制するのは何か。主に問題は恐怖心である――嘲笑や不信に対する恐れ＝彼らの地位や職を失うことへの恐れ＝自分たちが欺《あざむ》かれたのではないか、本当は自分が見たと思ったことを見なかったのではないか、聞いたと思ったことを聞かなかったのではないかということへの恐れである。自分の体験を脇に置いて、マイトレーヤ御自身にお任せして——もし本当に彼が存在するならば——彼が前面に出て来られて、世界に実際の臨在の姿を示すのを待つほうが容易である。

この見解は、かように黙って待つ者たちには論理的ではあるが、マイトレーヤのようなご身分のお方の出現を支配する『法』についての理解の欠如を示す。

多くの立派な教師たちがわれわれの生活の中にやって来て、仕事をし、人間の思考と行動の表面にわずかな波紋を起こす。彼らは、彼らの道を整えるための先駆者を滅多に必要としない。しかしながら、マイトレーヤは世界教師であり、ハイアラキーの長であり、次の世界周期全体にわたって、そのような方として奉仕しようとしておられるのである。人類に対する彼の影響は計り知れない。彼の到来はまさに極めて重大な出来事であり、その前に準備が整えられなければならず、あらゆる分野・場所にいる人間に十分に説明されなければならない。

世界のマスコミは、われわれの時代の本当の出来事を人類に知らせるために理想的な位置にある。真実を求め、知識と希望に渇望する何百万の人間はマスコミに情報を、しばしばガイダンス（導き）を求める。マスコミに携わる男女、善意の男女は、この情報について、必要ならば、彼ら自身がよく理解し、そしてそれを真剣に紹介することによって公共に奉仕する義務を持つ。そうすると、彼らは、いかにして世界を正すかをわれわれすべてに示そうとしておられるマイトレーヤを公に見るだろう。

二〇〇八年一月十二日（二〇〇八年一、二月号）

教師としてのキリスト

多くの人々はキリストの出現を待ち、期待するが、それが人類にどのように影響するかについて非常に歪んだ見解を持つ。多くの人々は彼を霊的魔術師として待望し、彼らや他の人々の欠点を帳消しにしてくれて、それで永久的な平和を確立するだろうと考える。それはこの非常に重大で複雑な出来事についてのかなり受動的な見解である。マイトレーヤ御自身にとって、それは人類と相互にダイナミックに関わる機会であり、神の大計画の原則を確立し、正しい人間関係の時代の幕開けをするための機会である。

それは世界中至るところにいる男女の積極的な反応と参加を必要とする——外的な機構《しくみ》と内的な認識に対する世界的な継続的な変化の過程である。

マイトレーヤは、世界でキリスト教徒が大半を占める地域は特別にオープンで実りがあるとは見ていない。またその他の主要な宗教に対しても、その理解について彼はあまり望みを抱いていない。もちろん、すべての宗教には、すべての者の利益のために応え、行動する用意のある男女はいる。同様に、世界中のすべての国に、社会のあらゆる分野に、(見ず知らずの)兄弟姉妹のために行動する呼びかけの合図を待っている人々がいる。

多くの人々はキリストを、法を破る者たちを懲《こ》らしめ、罰するために遣わされた審判者として待つ。キリスト・マイトレーヤは教師であり、確かにいのちの法則を人間に教えられるが、審判者だったことはない。懲罰ということは彼の語彙《ごい》の中には存在しない。彼は、人間が転生している魂であり、自己発見の旅路を共に歩む者であり、その途上でお互いに助け合う者として、自分たち自身を知ることができるように鼓舞しようとされるだろう。競争は人間が彼らの道を歩むのを妨げ、横道にそらせ、魂の特質を垣間見る機会を不毛にする。

人間はその道からかなり外れてしまった。商業主義が人類の喉元をつかみ、あらゆる寛大な思考や意思表示を彼らの人生から奪い取っている。人間の魂は、この抑圧をもはやこれ以上耐えることはできず、苦悶とフラストレーションで声高に叫んでいる。そうして人々は、すべての地における若い人々による犯罪と暴力の増大を訝《いぶか》しがる。

マイトレーヤは世界中における戦争と軍事行動の源について教えるだろう。その結果、気候や天候でさえも影響されることを示されるだろう。人間は彼らの行動の影響について、そして規律と配慮の必要について学ぶべきことがたくさんある。

キリストは教えるためにやって来られる。人間は、自由意志を保ったまま、成長するために（キリストに）応えなければならない。キリスト・マイトレーヤは決して強制はされない、たとえそれがわれわれにより早く学ばせることが分かっていても。人間が自由意志で取りかかることのみが法に沿うことであり、実を結ぶ可能性が高いことを、彼はご存じである。

二〇〇八年二月十日（二〇〇八年三月号）

民衆は目覚める

信じるのは不可能に見えるかもしれないし、あるいはあまりにも願望的思考に思えるかもしれないが、しかし、あなた方の兄であるわたしたちのより高位の見解からすると、より良い方向に向かってかなりの変化が世界中に起こっている。和合と正義への動きの高まりが、そしてもし人類がその進化の旅路を歩み続けるならば、平和が支配することが絶対に必要であるという認識の高まりが見えるのである。これは自己破壊の瀬戸際からの大きな後戻りを示す。

もちろん、戦争の道具を考え出し、それを完璧にし、この恐ろしい商売で富と権力を増大させている者たちがまだ大勢いる。しかしながら、民衆は目覚めつつある。異なったドラム（太鼓）が新しいリズムを打っており、人々は応える。ほとんどすべての国において、人々は新しい光を、活気づかせる思考を、希望の高まりを感知しつつある。自由と正義と平和がよりいっそう近くに、より現実的に、かつてないほどより達成可能に感じられるようになり始めている。世界的なコミュニケーションの手段が人々に自分たちをひとつの人類として見る新しい感覚を与えつつある。この新しい認識は完全でも完璧でもないことは確かだが、しかしわたしたちは、その方向への新しい、そして望ましい傾向の始まりをはっきりと見る。これはまさにわたしたちのハートを喜ばせ、新しい時代のエネルギーへの正しい反応の前兆である。

マイトレーヤが前面に進み出て、彼の公の使命を始められるとき、この傾向は大きく拡大し、すべての国にいる善意の男女の目標と目的となるだろう。皮膚の色や人種や宗教の違いにもかかわらず、至るところに住む男女はひとつであり、そして皆、同じ正義と自由を（それらを自分たちのみの権利だと考える人々もいるが）必要とすることを人々はますます理解するようになるだろう。マイトレーヤは平和の絶対的な必要を、そして完全なる戦争放棄は信頼によってのみ達成可能なことを強調されるだろう。分かち合いのみが信頼を生み出すことができることを、マイトレーヤは断言されるだろう。

マイトレーヤはそのように語るだろう。そのようにして彼はひとつの人類という感覚を、そして分かち合いの必要性を促進されるだろう。言うまでもなく、すべての人間がマイトレーヤの和合と同胞愛への呼びかけに応えるわけではないだろう。しかし、理性と正義の声が人々の心（ハート）に浸透していくにつれて、ますます多くの人々がマイトレーヤの洞察と変化への必要についての真理を見るだろう。そのようになるだろう。そのようにして人間は彼らの中にいるその『真理の光』に目覚め、そしてその方を彼らのリーダーとして案内者として見るだろう。穏やかに、しかしきっぱりと、マイトレーヤは人間を彼ら自身の最高の利益のために行動するように説いていくだろう。兄のように、彼の家族の若いメンバーたちを一歩一歩彼ら自身の真理に向けて導いていかれるだろう。

その時は遠い先ではない、いや実際、非常に間近である。世界中の民衆の心（ハート）に希望と歓びが同じように持ち上がるにつれて高まっていく彼らの声を見守り、耳を傾けなさい。

そのとき、あなたは車輪が回転したことを知るだろう。貧困と不正義の苦痛はもはやなくなることを、戦争の冒瀆《ぼうとく》は永遠に放棄されることを、愛の法則が、このわれわれの世界の至るところに住む男女の心（ハート）の中にその正当な位置を見いだすことを、知るだろう。

二〇〇八年三月九日（二〇〇八年四月号）

明日の都市

　もし火星人がその宇宙船を地球に着陸させて、あたりを見回すとすれば、周囲の環境に絶対に驚くに違いない。彼が田舎に行く使命を持っているのでない限り、地球人が世界中の非常に多くの都市や町の絶望的な単調さとむき出しの醜さをどうやって我慢できるのか、不思議がるだろう。おびただしい極貧層のみすぼらしさが、大金持ちの非情で無味乾燥な露骨さと対比される。地球上どこを見ても、巨大な蟻の巣のようなオフィス街が大地を覆い、ほぼ類似した立方体の果てしない軒並みに囲まれている。その中で疲れ切った蟻たちは眠って回復する。もちろん、火星からの友は、この至るところに見られるいのちを否定する凡庸《ぼんよう》さには例外があることを発見するだろう、しかしそれは（例外は）みな過去の遺物であり、観光客を楽しませるために誇らしく維持され保存されていることを発見するだろう。その間、その土地の人々は沈黙の羨望の中でなんとか生活している。

　もちろん、右記は風刺的な描写である。しかしマイトレーヤの優先事項の中に、都市の美化があるのは、理由がないわけではない。都市というものは単にお金を稼いで、その果実を楽しむ以上のものである。それはセンター（中心）であり、磁石であり、人々の集団を共に引き付けて、すべての者の意識を高め、豊かにする。それは、国家の魂が顕現《けんげん》され、至るところにいる人々の業績に光彩を与えることができる場所である。であるから、都市は美しいところであり、多様性と色彩を持ち、瞑想や休息のための静かな領域をたくさん備えたところであるべきである。大き過ぎるべきではない。多くの近代都市はその市民を惹きつけるよりも、むしろ追い払う。

都市は充電されたエネルギーの中心であり、各々の都市は異なり、多くの違った光線や特質を表現する。それらが一緒になって、その国家のパーソナリティーをつくる。そしてその国家の魂が表現される機会を提供する。マイトレーヤと覚者たちが公に働くようになるとき、特定の都市の重要性がより明らかになるだろう。

人口の大きな中心として、来るべきエネルギーの科学は、当然、都市の中で開花するだろう。新しい光の科学が、世界中のすべての都市の外見を変容させるだろう。太陽から直接、光のエネルギーが様々な大きさの容器に流入し、そこから放出されるだろう。そして形のパワーが、必要とされ、保管されるエネルギーの特質を定めるだろう。

今日の都市を美の場所に変容させるには多くの年月がかかるだろうということは疑いがない。しかしながら、そのような都市をつくることはできるし、そのようになるということを思い描くことができることが必要である。地球の人口が減少していくにつれて、そしてそうなるのだが、都市は最終的に最良の大きさになり、そして栄えるだろう。

二〇〇八年四月十二日（二〇〇八年五月号）

人間が振り返ってみるとき

今から数年後に振り返ってみるとき、人は、明らかな最も自然な行動、すなわち世界の資源の分かち合いを実施するのに、なぜあんなに長い間躊躇《ちゅうちょ》していたのか不思議がるだろう。新しい安定感と緊張の欠如、国際的な協力の容易さを心から体験してみて、人は自分たちがいかに自明のことに対して盲目であり、自分たち自身の最大の利益に対してあれほど頑迷で破壊的であり得たのか不思議がるだろう。

人類は今や全く新しい体験の瀬戸際に立っており、すべての惑星的な決定や行動がより良いもののためであり、人生を豊かに、神聖なものにし、同胞愛の絆を強めるものとして見られるであろう。それまで同胞愛の絆を彼らは無視して、ほとんど忘れていたのである。喜んで、人間は今や共通の善のために共に働くだろう。過去の憎しみと不信感はきっぱりと彼らの背後に置かれるだろう。そのようにして新しい親族関係が「善意」と「尊敬」として現れ、活性化させる酵母のように彼らの目覚めた人生に浸み渡るだろう。そのようにして、ますます強力に愛と歓びが至るところにいる男女の心（ハート）を抱擁し、軽やかにするだろう。

人間の生活の中にこの魔術的な変容を起こさせる微妙な〝錬金術〟〔訳注＝卑金属を黄金に変える方法〕とは何であろうか。錬金術ではなく、人間自身の心（ハート）の中に宿るところの神性であり、それがマイトレーヤの愛の奇跡によって喚起され、前面に引き出されるのである。マイトレーヤは言われる、〝分かち合いは神聖である。分かち合いへの最初のステップがあなた方の神性への最初のステップである。〟人間自身の中に、あの神性の全貌が横たわるのである。分かち合いは人間が本質的に神であり、本源なる神の創造的「意思」を表現する能力を備えているということを現すのである。

ゆっくりとしかし確実に、あの「創造的目的」が人間を通して顕現するだろう、そして彼らの行動と決断を方向づけるだろう。古い無法状態は活気を失い、遠い過去の色褪せた記憶のように消えていくだろう。そのようになるだろう。

あなた方の兄たちであるわたしたちには人間の前方に広がる輝かしい未来の輪郭がますますはっきりと見える。今日の最も創造力に富む洗練されたマインドを持つ人々を驚嘆させるだろう科学の青写真が見える。また人間がいまだかつて見たことのない美と創造的パワーを備える芸術が見える。

とりわけ、規模において人間の歴史に前例のないこの創造力の放出は、人類が通っている大いなる内的変化――「いのちの法則」のうちで生きることを学ぶこと――の必然的結果であることを、わたしたちは認知する。人間がこのことを人生の事実として意識的に知り、理解するとき、彼らは「平和と正義」「自由と正しい関係」に直接つながるステップを喜んで取るだろう。その最初のステップは分かち合いと呼ばれる。

愛の大主マイトレーヤと彼のグループの覚者たちの助けと案内があるとき、人間は分かち合いと正しい関係は同じであることを、同じ衝動であることを見損ないようがない。すなわち現在われわれの分離の底に横たわる和合へ駆りたてる力を人間が示現し、神としての人間の本当の特性を明らかにするのである。

二〇〇八年四月二十三日（二〇〇八年六月号）

人類の一体性

人類が現在進んでいる方向は間違いであり、彼らの将来の幸せにとって無益であり、失敗するよう運命づけられているということを、彼ら自身で気づくときは間もなくやって来る。それを見て、彼らは質問をするだろう——なぜこんなに虚《むな》しいのか？　なぜ求めている平和を達成できないのか？　どこで間違ったのか？——そうしてマイトレーヤに注目を向けて、彼の言葉を検討し、彼らの窮状の打開に適切であるかを試すだろう。マイトレーヤの思考の中心的なものは、一体性についての概念であることを発見するだろう。人間は彼ら自身をひとつとして見なければならないことを、各人が和合した全体——人類家族——の部分であり、そして彼らがやることとすべてがその一体性を反映しなければならないことを、マイトレーヤは請け合うだろう。このリアリティ（実相）を十分理解し得ないことが、われわれのすべての困難や苦労、不調和や恐怖、葛藤や戦争につながっていると主張されるだろう。

「あなたの兄弟を自分自身として見なさい」とマイトレーヤは言われる。すべてのものがそこから取ることのできる国際的な貯蔵庫をつくりなさい、そのようにして分かち合うことによってのみ、世界は再生される、というのがマイトレーヤの教えである。分かち合いによってのみ、人間は自分たちが求める幸福を見つけるだろうと、彼は確言するだろう。分かち合いのみが正義と平和をもたらすだろう。

このようにして、マイトレーヤは彼がもたらす真理に向けて人間の思考を導くだろう。このようにして、マイトレーヤは人間に彼らの間違いを示し、彼らのジレンマへの解決法を示されるだろう。このようにして、人間は自分たちの状況をつくづくと眺めるだろう、そしてますます多くの人々がマイトレーヤの助言の真理に気づくだろう。マイトレーヤの導きが、すべての者が心のうちに切望する幸福と平和を達成する唯一の方法であることを、ますます多くの者が知るだろう。それまで恐怖心によって抑えられていた人間は、マイトレーヤの単純な教えが彼らのすべての恐怖と災いへの答えであることを知るだろう。

当然ながら、すべての人間がマイトレーヤのうちに彼らが求める導きを見つけるわけではないだろう。多くの者は、まさに、彼の教えの中に、彼らが恐れ、憎むことのすべてを見るだろう。しかしながら、徐々に、彼の単純な真理の言葉に応え、共鳴することのできる人々の熱意が何千万の人々を正義と平和への彼の大義に引き付けるだろう。彼の教えは単純であるが、愛の火がまだ消されていない人々の心（ハート）に浸透するだろう。

このようにしてマイトレーヤは世界中で働き、新しいスタートを、家族を平和と調和のうちに育てるためのより簡素でより幸せな世界を切望するすべての人々を彼の側に引き付けるだろう。

大宣言の日が地球というこの惑星の新しいスタートのための合図であろう。前例のないその日に、人間はマイトレーヤが言われる一体性を体験するだろう。彼らは、すべての人類が同じ体験をしているということを感じるだろう。その心（ハート）は全く新しい愛のうちに共に鼓動している巨大な家族の兄弟姉妹の一人であることに慎ましい誇りを感じるだろう。共に属しているというこの感覚が彼らを取り巻き、各人一人ひとりに長い間忘れられていた歓びの涙をもたらすだろう。

二〇〇八年六月十五日（二〇〇八年七、八月号）

彼を見て、歓びなさい

わたしは、何年もの間、マイトレーヤは〝間もなく〟出現されるということを幾度も告げ、そのようにして、この期待を何百万の人々の心（ハート）に鮮やかに生かし続けてきた。彼の完全な出現がいまだに起きていないということはわたしの背信行為のしるしではなく、むしろこの企ての並外れた性質と困難さの結果である。人間は大体において、このような出来事を支配する種々の法について、そしてこれらの法が定めるマイトレーヤの行動範囲に〔関する制約に＝訳注〕ついて、何も知らない。また、あなた方の兄たちであるわたしたちは時間という観念の外で、それを超えたところで働いており、わたしたちの洞察と情報を、いまだ時間という〝事実〟に支配されている人間の理解力に合わせて提供することが困難なのである。にもかかわらず、そのような前置きをしたうえで、現在のこの〝時〟は、マイトレーヤが世界の舞台に公に出現するための合図を辛抱強く待っておられる控えの間として見られるべきである。現在の混沌とした状況、特に経済と金融分野における混乱が形勢を一変させ、人間自身が〝間もなく〟として歓迎する時期についての決定を可能にした。であるから、偉大なる主が彼の使命を、たとえ本当のご身分を名乗らずとも、公に始めるまで長くはないだろう。彼の優先事項について確実な理解をもって、見守り、待っていなさい、そして彼を見損なうことのないようにしなさい。途方もないお方、この途方もないお方を、最近の〔歴史的＝訳注〕記憶にあるどのような人物とも異なり、しかも明らかにわれわれの中の一人であるこのお方を、人類はどのように評価するだろうか。そして人間の窮状についての彼の分析に対して、いかに速やかに応えるだろうか。人間がマイトレーヤについての最初の体験にどう反応するかを正確に知ることは不可能である。偉大なる主は、最初に現れるときは、彼の考え方を評価し、それの妥当性を判断するのに時間を必要とする人々を追い払わないように、慎重で、比較的控えめであろう。しかしながらわたしたちは、間もなく多くの人々が彼の周りに集い、彼が助言するその変化を採用することを熱心に求めるだろうと推測する。そして彼らは兄弟姉妹、同胞にこれらの独創的なアイディア〔理念〕を考慮するように刺激し、世界の事象について健全さを求める改革運動を起こすだろう。現在の生き方を完全に再建することを必要とするこれらのアイディア〔理念〕は徐々に、最初に考えられたよりも、より論理的で、実際的で達成可能なことであるように思われるだろう。そして分かち合いと正しい関係を求める熱意の大きな波が世界中を一掃するだろう。マイトレーヤ御自身がこれらの国家間の正しい思考の自然な盛り上がりを強化するだろう。そして新しい方向を求める民衆の増大する願望を助長するために働かれるだろう。

そのようにして、マイトレーヤは人間を通して「新しい庭園」の種を蒔くために働くだろう。そのようにして、彼は人間のうちに、本物への、真実なるものへの願いを、愛と正義の顕現への願いを生じさせるだろう。このようにして、偉大なる主は人類に仕え、彼らに霊的な法則の枠の中で生きる方法を示すであろう。このようにして、愛の主は御自身を人間に明らかにされるだろう――兄として、友として、道を示すものとして、彼らのように「道」を歩む一人の旅人として。

であるから、間もなく彼を見つけて、歓びなさい。彼の隊列に加わり、奉仕しなさい。彼を通してあなたの神性を目覚めさせなさい。

二〇〇八年七月十四日（二〇〇八年九月号）

人間の運命《さだめ》

人は、彼らの本当の可能性に目覚めるとき、自分たちの創造性の範囲（の大きさ）に驚嘆するだろう。自分たちの思考の大胆さに、初めはびっくり仰天するだろうが、それは今日では想像もできないような企てに彼らを導くだろう。人は、自分たちが、本当は、潜在的に神々であることを発見するだろう。過去の深いまどろみから目覚めて、長い間彼らの前進を遅らせていた無知という重い衣《ころも》を脱ぎ捨てるだろう。そのようであろう。

人はいま地球上での長い転生冒険の転換期にいる。これからは、すべての進歩は熟慮の上の意志と理性の結果であろう。もはや貪欲《どんよく》と競争が完成への旅路を阻《はば》むことはなくなるだろう。もはや戦争が、そして富への欲望が人間を堕落させ、その道程を汚すことはないだろう。再び無法と分離主義的規定が地球上を支配することは決してないだろう。

人間の足はまさに彼らを（運命の）星に連れて行く上昇の梯子の上に置かれている。

あなた方の兄たちであるわたしたちがあなた方の傍《かたわ》らに位置を占めるにつれて、あなた方はわたしたちを模範として見るだろう、そしてわたしたちのようになるように鼓舞されるだろう。わたしたちが競争を知らないことを、そしてどのような形であれすべてのいのちを尊重することを知るだろう。わたしたちが区別も条件もなしに愛することを、そして（神の）大計画の成就のためにのみ働くことを知るだろう。大計画によって、人間は同じ完全さに到達するように運命づけられているのである。わたしたちの任務はその道を示すことである。

そのような完全さへの道はわたしたちによってしっかりと踏み固められており、必要な道標が置かれている。人は人類すべてをひとつとして、兄弟姉妹として、唯一なる御父の子供たちとして見なければならない。

自由と正義は、至るところにいるすべての人間に、例外なしに、必要不可欠であり、それは信頼によってのみ達成され得る。

分かち合いのみがその信頼をつくり、そして人間を彼らの運命への旅路につかせることができる。人間は幸せになるためには「いのちの法則」――原因と結果の法則、再生誕の法則、無害と犠牲の法則――の範囲内で生きなければならない。これらの基本的な法則はいにしえの道標であり、それが人間を自己破壊と後悔から守る。

マイトレーヤが公の視界に進み出るとき、あなた方は再びこれらの法則について聞くだろう。なぜならそれらがマイトレーヤの教えのすべての基礎をなし、地球上のすべてのいのちの基礎であるから。

人間の目覚めは、彼らがこれらの法則の重要性を把握し、自発的に迅速な変化を起こしていくことにかかっている。現在のいわゆる〝文明〟はもはや終わりにきており、腐敗し、死にかけており、人間に対して苦痛と恐怖、そして最終的には自滅以外に提供するものはない。

マイトレーヤは、人間が彼らの本質である神々となるために必要なものはすべて彼ら自身の裡《うち》にあることを示しに来られる。その道はいかに単純で、美しいものであるかを示すために、そして彼らが自分たちの運命をしっかりと握りしめ受け入れるのを鼓舞するために来られる。

マイトレーヤは人間の応《こた》えを疑わない。

二〇〇八年九月五日（二〇〇八年十月号）

舞台は整った

何年もの間、あなた方の兄であるわたしたちは、人間に、それ自体が盲目である市場フォース（エネルギー）に盲目的に従っていくことの危険性について警告してきた。かくして、現在の広範囲に広がった経済金融危機は予想外のことではない。競争と貪欲《どんよく》によってつくり出されたあぶく（バブル）は必然的にはじける。しかるに砂上に高くそびえたつ大殿堂をつくった〝マネーの男たち〟はその結末に唖然《あぜん》として、この破局の理由を理解しかねており、同じ愚行を続けるためにより良い方法をすでに探している。

しかしながら、最近の出来事で最も被害を受けた国々の国民はこの崩壊の理由をよく知っており、次の何カ月も何年も、困苦欠乏を耐えなければならないのは自分たちであることを知り、怒っている。

辛抱強く舞台脇で待っておられるマイトレーヤは、これを、彼が公に出現して、世界での外的な使命を始めることを可能にする一つの〝機会の窓〟として見ておられる。かくして、彼の出現を待っていた長い時はほぼ終わった。本当に、非常に間もなく、人々は行動と変化を呼びかけるマイトレーヤの声を聞くだろう。

すでに、マスコミが現在の危機について説明や助言を求めてきた無数のアナリスト（コメンテーター）たちの中に、根本的な変化が不可欠であることを、同じことを繰り返さないために〝マネーの男たち〟に対するコントロールと規制が最優先されなければならないことを賢明に警告する人々が数人いる。国民は公平さと正義を呼びかけており、無視されることに甘んじる気分ではない。かくして、ついにマイトレーヤの声が聞かれ、そして思慮ある真《まこと》の男として見られるための舞台は整っている。現在の無秩序の継続はさらに大きな破壊をもたらすのみであることを、世界の経済制度の完全で秩序ある再建のみが正義と平和をもたらすのであり、そのような正義と平和がなければ、未来の世界はまさに暗黒であろうということを、マイトレーヤは告げるだろう。われわれは答えを手の内に持っていることを、世界はひとつであることを、ひとつの人類として生き、そして栄えるか、あるいは絶滅に直面するかということを、彼は告げるだろう。これらの事柄を、マイトレーヤは少しずつ世界に告げるだろう。そして人々は応えるだろう。現在の彼らのリーダーたちよりも前に、民衆はマイトレーヤの良識を見るだろう、そして彼の助言を実行に移す機会を歓迎するだろう。

この段階がどのくらい続くかを予想するのは難しいが、現在の混乱した状況の中で、それは比較的短い期間かもしれない。貪欲な〝マネーの男たち〟は当てが外れ、彼らの方法では足りないことを理解した。自分の家族を人並みに養うに足りるものだけを欲する人々は、変化と未来についてのチャレンジを受け入れる用意が十分にある。彼らは正義と平和を欲し、これらの貴重な目標を達成するために分かち合う用意がある。民衆は用意ができている。〝マネーの男たち〟は困惑し、自分たちの傷をなめている。マイトレーヤもまた用意ができており、彼の手をドアハンドルの上に置いている。

二〇〇八年十月十一日（二〇〇八年十一月号）

進化論 対 創造説

多くの人々は、今日あるようなこの世界の歴史は五千年以下であることを——人間および動物王国のすべての生きものと、鉱物王国の岩石は数日の間にあらゆる面において完全で完成した形で創造されたということを——信じているか、または信じるふりをしている。

彼らは、進化論は神話であり、キリスト教の聖書にある創造についての話は文字通り本当であり、正しいとする。そのような理論を受け入れるためには、科学一般に対して、特に地質学、人類学、古生物学、考古学に対して目を閉じる必要がある。

人間が地球上を歩いていなかった時があり、その代わりに巨大な恐竜が歩き回り、支配していた時があったことは確かに本当である。また、わたしたちの計算では、人間の歴史は今日の科学が信じるよりも非常に古いということも本当である。今日の（科学の）計算では、人類の年齢は最高でもおよそ五～六百万年である。しかしながら、わたしたちの科学と伝統によれば、初期の動物人間は個体化が可能な時点まで到達し、〝マインドの息子たち〟は進化の長い旅路を始めたのであった。人間が今日のレベルにまで到達するのに千八百五十万年かかったのである。なのに、知性のある教育を受けた〝創造説論者〟が、科学の証拠にもかかわらず、ばかげたように思える概念を保持するのはどうして可能なのか。

その答えは、進化論者と創造説者は実際、互いに誤解した議論をしていることにある。両方とも、それぞれ限られた意味において正しい。現代の科学者はダーウィンの発見を客観的に見て、進化論説、すなわち、動物の祖先から、特にマインドの発達によって、長いゆっくりとした人間の進化説を支持する豊富な証拠を蓄積してきた。

創造説論者は、キリスト教の聖書が何百年もかけて、大勢の人々によって書かれたものであり、象徴的な言葉で書かれており、事実というより象徴的なものであるということを無視して、聖書を彼らのガイドとして見る。創造説論者は〝人間〟は神によって、〝神御自身のイメージ〟につくられたのであり、進化によるものではないことを強調するのに骨折っている。それに対して、ダーウィンと彼の説に従う者たちは、人間についての重要な点を見落としている。人間は霊的な存在であり、神性という遺産を受け継いでいることを、そしてもし人間が必ずしもいつも神の創造物としての行動をしないならば、それはサタン（悪魔）によって堕落させられてきたからである。

この二種類の正反対の見解に橋を架け、同時にそれを拡大することができるか。わたしたちの理解によれば、今日の科学者たち、つまり進化論者の、人間が動物王国から発達したという分析は疑いもなく正しい。われわれは物質肉体を動物王国に負っている。しかしながら、それはわれわれを動物にするわけではない。ダーウィンおよび彼の考えに正しく従った者たちは、われわれはすべて意識の発達に従事しているということを大体において無視しており、人間の外的な肉体的発達のみを描写する。人間の肉体はほとんど完成の段階に到達しており、さらに成し遂げるべきものはほとんどない。しかしながら、意識という面からは、人間はその開花に向けてほとんど最初のステップすら踏み出していない。その開花は人間がまさに神性を内在させていること、すなわち魂が転生しているということを証明するだろう。いつの日か、魂の事実が科学によって証明され、一般的に受け入れるようになるだろう。そして古い意見の対立は癒されるだろう。

二〇〇八年十一月九日（二〇〇八年十二月号）

マイトレーヤの最初のインタビュー

非常に近い将来、世界中至るところにいる人間は、途方もない、意味深い徴《しるし》を目撃するだろう。それと同じような徴《しるし》は以前に一度だけ、イエスの誕生のときに現されたことがある。キリスト教徒の教えによれば、あの時天空に星が現れて、三人の賢者を東方からイエスの誕生の地にまで導いたと伝えられている。また再び、光輝くパワーの星のような発光体が間もなく世界中で見られるだろう。これは何を意味するのか。どうして可能なのか。

その答えは、この不思議な出来事は徴《しるし》であり、マイトレーヤの公の使命の始まりを先触れするという事実にある。その徴《しるし》が空に現れると、その後間もなく、マイトレーヤはアメリカのテレビで最初のインタビューに出るだろう。

その公開の出来事の日に、(いまだマイトレーヤとして紹介されないが)世界教師は現在世界を捕らえている経済と金融危機についての見解を提供するだろう。彼はその発生の源と最終的な結果を説明し、そして世界の貧困者に負わせられている現在の重荷を緩和するための処方を、ある程度、提供するだろう。そのようにして、彼のアイディアをより詳細に具体的に発表していくための道を整えるだろう。

視聴者はどのように反応するだろうか。彼らは、この人物の背景も身分も知らないだろう。

人々は彼のことばに耳を傾けて、考慮するだろうか。それを正確に知るにはまだ早過ぎるが、次のことは言えるかもしれない——人々はマイトレーヤが話をするのを前に見たことも聞いたこともない。またそれを聞いている間に、ハートからハートに伝わるマイトレーヤの独特のエネルギーを以前に体験したことはない。また現在は、全世界がその将来について呆然とし、懸念しているという歴史的にユニークな時である。であるから、彼の言葉を聞く人々の多くが心（マインド）を開いて、もっと聞きたがるだろうということが予想される。マイトレーヤが、公に世界に出るために、この瞬間を辛抱強く待っていたのは意味がないわけではない——まずアメリカが、もっと早い時期であったならば、応えなかっただろう。何年も経って、今初めて、アメリカの新しい行政は金融危機、失業、社会不安について最大規模の対処をしなければならない。アメリカおよび世界にとって正念場の時が来た。

アメリカのみではなく世界中で、人々は変化の必要とその可能性に目覚めつつある。政治家や経済学者たちは現状を景気の〝下降期〟とか〝後退〟と呼ぶ。本当には、われわれは古い秩序の最後のよろめきのステップを目撃しているのである。規制されない競争と貪欲《どんよく》は人間にとって最も安全な道ではないことを、そのような物質主義教理は軽率な者たちに対して〝すべり易い坂道〟をつくり、そして究極的に、今日のような世界的危機をつくり出すということを、大勢の人々が認識しつつある。

もちろん、急速に富を増やした人々の多くは、彼らを金持ちにした方法への信頼の喪失には無頓着であり、再び元のコースに戻り、繁盛するまで〝時間の問題〟にすぎないと考える。

彼らはマイトレーヤの言葉に心を留め、彼の主張の意義を認知するだろうか。傲慢さと自負に溺れている彼らはおそらく認知しないだろう。しかしながら、多くの人々は現状維持に戻ることについてそれほど楽観的ではない。多くの者は損失の痛手を被っており、古いやり方への信を失った。諸国の民衆にとって変化への機は熟している。彼らは変化とより意味深い人生を求める。マイトレーヤは人間に本質的なものを思い出させるだろう――それなしには人間の未来はない。すなわち、正義と平和である。そしてその両方への唯一の道は、分かち合いを通してである。

二〇〇九年一月十一日（二〇〇九年一、二月号）

その瞬間は訪れた

やがて人間は、自分たちが真我発見の旅路を共に歩んでいることを理解するだろう。その旅路はやがて彼らを最も聖なる御方の足下に連れて行くだろう。

この発見の旅の真髄は自分の意志で、自分で演ずることであり、同時に、知っている人々、知らない人々を含めた人類家族のすべてのメンバーによって分かち合われる。すべての人間は兄弟(姉妹)であり、唯一なる御父の子供たちであり、各人が、意識しようがしまいが、人生と呼ぶこの途方もない冒険に従事しているということはまことである。残念ながら、今日多くの人々にとって、この冒険は苦しい、自らの品位を貶《おと》めるような経験である。何千万の人々にとって、それは不公正で報いのないものであり、早く終わるほうがより良いのである。

であるから、非常に多くの人々が人生を単調で骨の折れる虐げられたものとして見、子供のころ心に描いた達成や幸せについての夢は遠い過去の記憶にすぎないのは不思議ではなかろう。

人間は創造し、真我認識のうちに成長するために生まれており、それが可能となる環境が必要である。商業至上主義という恐ろしい疾病《しっぺい》は数え切れない大勢の人間の生得の権利を奪い取り、そしてその狡猾《こうかつ》な発展は人間の生活のすべての様相に侵食し、その凶兆の触手はすべての寛大な人間味のある感情を人々の心(ハート)から搾《しぼ》り取る。人類は商業至上主義の奴隷となり、その魂を失う危険にさらされている。

この災難の過程を逆転させるために、人間に何ができるか。すでに、商業至上主義の破壊的力（フォース）の徴候である現在の経済金融危機は、もはやこの化け物が彼らの人生を支配することを許さないということを、人間の必要をより良く満たすより公正で健全な経済制度への優先事項を吟味し新たに評価しなければならないことを、人々に示している。

もちろん、あまり現在の危機の影響を受けておらず、この時を〝下降期〟と見て、必然的な〝上昇期〟への、すなわち再び前と同じように行動することのできる時が来るのを、自信をもって待っている人々がたくさんいる。それはもはや不可能である。盲人が盲人を導くことは、もはやできない。彼らはマイトレーヤのことを知らない。

マイトレーヤは、人間の舞台に入り彼らの旅路を助けるという御自身の約束を果たすために、この瞬間を選んだ。彼は今出現しつつある。彼の先触れである出現の星の徴《しるし》は世界中で多くの人々に目撃されており、人間の前に彼が公に姿を現すときを合図している。今日のテレビという手段を使って、彼はアメリカをはじめとして、日本やその他の多くの国々を含めて、一連のインタビューに応じるだろう。

一般の男性として、未だマイトレーヤと名乗らずに、彼は声なき人々、スポークスマンをもたない人々すべてのために語るだろう。彼は人々に、地球の資源を分かち合い、お互いを兄弟姉妹として受け入れることを呼びかけるだろう。もしわれわれが平和を望むならば、それを達成する方法は一つしかないことを示すだろう。それは世界中に正義を実現することであり、そしてその正義は分かち合いを通してのみ達成することができることを示すだろう。わたしたちは、この、われわれの、世界に住むすべての善意の男女の応えを待つ。

二〇〇九年二月八日（二〇〇九年三月号）

世界の復興

ほとんどすべての観点から、（世界中）至るところ、人間が直面する状況は日ごとにますます厳しくなっている。長年の間の規制のない貪欲と心なき競争の結果引き起こされた経済破局は、数え切れない大勢の人間のまじめな労苦と向上心を無駄にする。すべての国で、人々が失業や貧困や恐怖に直面しているかたわら、マネーの男たちは、大体において、彼らの富は無傷のまま陽気にやっている。気候の変化についてのより正確な読みは、この惑星が逆戻りできない惨禍にいかに近づいているかということを人々に示し、多くの政治面で警報が音高く発せられており、ストレスの要因をさらに新しいレベルに引き上げる。

人類はこの緊張をあとどのくらい持ち堪えられるのか。あとどのくらい彼らの運命を穏やかに受け入れられるのか。死に物狂いの人間は自暴自棄の行動を取る。すでに行動ではなくても、心（マインド）の中で、多くの人々が革命を企てている。

舞台の背後にあって、マイトレーヤはこれらの出来事を注意深く見守り、法が許すところではどこでも救助を与えておられる。マイトレーヤは、彼の出現の徴《しるし》、すなわち今や多くの人々が驚きと愛をすら込めて見つめている「素晴らしい力《パワー》の星のような光り輝く物体」に対する人間の反応の高まりを辛抱強く待っておられる。

望まれるのは、その「星」の意義や意味について、つまり世界教師マイトレーヤの出現の前触れについてのある程度の公の討論である。その話題が大きくなればなるほど、より公であればあるほど、よりいっそうマイトレーヤのお出ましのための道を整えることになるのである。間もなく、疑いの余地はなくなるだろう。非常に間もなく、金星は人間の視界の向こうに移動するだろう、そうして天空の舞台は「星」に開かれる。そうすると、疑いもなく、その「星」はすべての者が見ることができるだろう。

十分な討論が様々なマスコミやインターネット上で助長されるならば、マイトレーヤが語るのを見たり聞いたりする時まで、長くはないだろう。マイトレーヤはそういう名前では呼ばれないだろうが、人々は彼の身分よりも彼のアイディア（理念）を判断することができる。

経済危機が深まるにつれて、多くの国々に珍しい反応が現れつつある――恐怖や虚勢や増大する絶望と並んで、この崩壊の理由についての新しい理解である――われわれの制度の中心にある貪欲と競争心、したがって、分かち合いの必要。多くの人々はこの基本的な真理に自分たち自身で目覚めつつあり、分かち合いを、不正義や戦争への答えとして見ている。かくして、多くの人々はマイトレーヤの呼びかけに応える用意がある。危機が、もはや機能しない、あるいは決して長いこと機能させておくことのできない古く廃《すた》れた形態や機構《しくみ》の不安定な構造に、よりいっそう深く切り込んでいくにつれて、この認識は増大するだろう。

マイトレーヤが話すとき、彼はこれがそうであることを、世界は、すべてのところに住む国民の心の必要に基づく新しい、より良い形態を採用していく用意があることを示すだろう。マイトレーヤの仕事は、人間の一体性と和合、相互依存と目覚めつつある神性についてのこの増大しつつある認識を集中させ強めることである。かくして、マイトレーヤと人類はこの世界の復興のために共に働くだろう。

二〇〇九年三月十六日（二〇〇九年四月号）

商業至上主義の呪い

もし人類が地球温暖化の影響からこの惑星を救おうとするならば、計画されている炭素排出量制限よりもはるかに多くのことをなさなければならない。しかも、一般に必要な期間として受け入れられているよりもずっと短期間に行わなければならない。人々がこの危険を認知するのに時間がかかった。今でさえ、多くの者たちは問題を真剣に受け止めることを拒否する。そのような態度がこの地球という惑星の未来を危険にさらすことは疑いない。取り返しのつかないダメージがなされる前に均衡を確立するために人間に残された時間は、最大に見積もっても、十年か十五年しかない。

この目標を達成するために、人間は現在の生活様式を劇的に変えて、より簡素な生活の仕方や仕事の仕方を採用しなければならない。後に続く世代に対する何の配慮もなく、徐々にそして必然的に衰退してきた環境を見ようともせず、どうにでもなれという態度で、この惑星を意のままに荒らし、略奪してきた日々は過ぎた。

長年の間、毎年、毎年、大昔の原始林の巨大な領域から、純粋に商業的利益のためにいのちを与える樹木が切り払われてきた。商業至上主義が人間の喉元をさらに締めつけていくにつれ、それはまさに人類にとっての凶兆である。商業至上主義は人間にとって原子爆弾よりも危険であると、マイトレーヤは言われる。そして今日、世界を支配する経済破局にその破壊的な力を示している。

諸国の政府や国民がこのことを認識するのにどのくらいかかるのだろうか。商業至上主義が人類の生き血を搾り取り、人類自身が衰えて死ぬまであとどのくらいだろうか。突然、失業し、ホームレスになり、絶望している大勢の人々の心（マインド）に、ますますこれらの言葉の真理が生まれる。

これが、マイトレーヤが公の仕事のために人類の自由意志を侵すことなしに前面に出て来る状況を提供した。マイトレーヤは、現在起こっているこの出来事が確実に明るみに出るという知識に確信をもって、辛抱強く長年の間、この時を待っておられた。

商業至上主義はその牙をむき出し、危害をくわえる力を見せた。何百万の人間の自己満足感は商業至上主義と古いやり方への憎しみと不信に変わりつつある。至るところで人々はやっと、人生の意味と目的についての新しい解釈——分かち合い、正義、平和＝正しい関係、同胞愛とより大きな幸せ——を受け入れる用意ができた。彼らはついにマイトレーヤの呼びかけに応える用意ができたのである。

もちろん、すべての人間がこの変化を通っているわけではない。この〝不況〟を〝じっと持ち堪《こた》えれば〟、また以前のように富を再び築きあげることができると想像する人々がたくさんいる。非常な金持ちと如才のない者たちは、何も失っていない。彼ら自身と他の人々との間のギャップは、単に彼らにとって有利な方向にさらに広がった。今のこの時は、他のいずれの時とも違うことを彼らは理解していない。われわれは、古い秩序の終わりに到達したのである。宇宙のフォース（エネルギー）が変化を命ずるのであり、それは起こらなければならず、起こるだろう。そうでなければ、この地球上の生命は繁栄しないだろう。

用意のある者たちは、マイトレーヤが、彼らの心からの要望を簡潔で感動的な言葉に表す彼の教えに速やかに反応するだろう。他の者たちは自分たちが馴れ親しんできたものを捨てるのにより長くかかり、一時期、反対するだろう。やがて、世界中の何千万の人々は、変化の必要とその論理に納得するだろう——それらの変化のみが、この惑星とその住民を救うだろう。

二〇〇九年四月十七日（二〇〇九年五月号）

顕現しつつある人間の神性

すべての歴史の中で、現在のような時はかつてなかった。人間の進化に足跡を残したすべての周期の中で、今と同じような変化への可能性があったことは一度もない。であるから、今のこの時はユニークである。非常に劇的かつ広大な意識の変化の前兆であり、変わっていく人間を描写するためには新しい定義と語彙《ごい》が生まれなければならない。

この深遠な出来事における主要な要素は、人間の兄たち、すなわち、キリストであり世界教師であるマイトレーヤに率いられた智恵の大師（覚者）たちの影響であろう。彼らの大いなる接近が人間の生活や思考や行動に及ぼす影響はいくら誇張してもし過ぎることはない。

人間は潜在的な「神」であるということを、あなた方は何度も聞いた。それは空虚な言葉ではなく、人間の特性および存在についての確かな真理である。その真理が立証され、すべての者に見えるように表現されるのは、時間の問題にすぎない。

覚者たちは彼らの持つ無害性と智恵と愛という贈物を提供して、達成という港に向けて安全に人間の船の舵を取るだろう。そのようになるだろう。やがて、人間は自分たちの正当な場を占めて、すべてのものの利益のために覚者たちと共に働くようになるだろう。そのようにして、人々はいのちと愛の法則を学び、比類なき美の未来を形づくるだろう。

人間の前進にとっての第二の偉大な刺激は、はるかなるアクエリアス（宝瓶宮《ほうへいきゅう》）からやって来るだろう。すでに、われわれの太陽がその強大な星座の影響圏内によりいっそう深く入っていくにつれて、変化への沸き返るような要求が人々の心（ハートとマインド）に起こっている。アクエリアス（宝瓶宮）の本質的特質は統合である、地球上における今日の生活の中には滅多に見られない特質である。しかしながら、統合の特質がますます勢いをつけて、生活のすべての分野で今日の分裂と不調和に取って代わるだろう。人々は和合の意味を理解するようになり、自分たちが発見という航海を共に旅しているひとつの人間家族の兄弟姉妹であることを認知するだろう。

人間がこの時を振り返って見るとき、それを「神の恩寵《おんちょう》」への踏み石として見るだろう。今日の混沌とした騒乱はただの騒乱ではない。この混乱から新しい形態が生まれ、それが新しい文明を飾るだろう。新しいより良い形態が、至るところに住む人々のために寄与し、すべての者のハートを喜ばせるだろう。

人間自身はそのような刺激の中を通っているので、未来について不安を感じるのも当然である。彼らはすでに進行している途方もない変化をほとんど見ることも理解することもなく、無為に過去にしがみつく。間もなく、この恐れと不安は、変容の仕事への決意と勇気に置き換えられるだろう。マイトレーヤと彼のグループの導きの下に、人間は新しいより良い生活、すべての人間が様々な形で夢見る人生の礎石を敷くだろう。

二〇〇九年四月二十四日（二〇〇九年六月号）

暴露の時

何年もの間ほとんどの国の国民は、多かれ少なかれ大人《おとな》しく、彼らの国会議員、すなわち政治家の布告に従ってきた。議会制度が民主的であろうがなかろうが、大体においてそうであった。これが今、変わり始めている。評判の良くない法律を黙って受け入れるのではなく、多くの国々の国民は今やデモを起こし、変化を要求する。厳しい軍政の下にある国々を除いて、諸国の国民は大体において、彼らの声が聞かれることを、彼らの要望が取り上げられることを、そして悪法が改正されることを要求している。アクエリアス（宝瓶宮）の有益なエネルギーがその勢いを増大させていくにつれて、国民の増大するパワー（力）は倍加し、地上における最も強力な声となるだろう。まさにそうであるゆえ、今でさえ、あらゆる種類の政府は国民の福祉に深く関係する法律に対する国民の反応を考慮に入れることを余議なくされる。政府が厳密に党派の線に沿って統治することはますます困難になっている。政府の行動の多くが秘密主義で不透明であり、多くが〝舞台の背後〟でなされ、それについて国民が知ることは決してないのだが、しかし一般に政府は、少なくともいわゆる〝民主的な〟世界においては、国民の怒りや不満を呼び起こさないように気をつけている。

しかし確実にそうではない主要な領域が一つある。六十年以上もの間、世界中の政府は〝U

FO〃あるいは〃空飛ぶ円盤〃の現実を国民から隠してきた。さらに、これらの訪れた宇宙船の乗組員を〃異星人〃として、何が何でも、侮辱しようとしてきた。国民をコントロールするために、そして〃パニック〃を避けるために、世界中の政府は何千何万もの知的でオープンマインドな市民の体験を否認してきた。かくして、彼らは大きな神話を創り出した――「〃空飛ぶ円盤〃は存在しないが、しかし彼らは危険であり地球の人間を強奪する」のだと！　同様に、国民に、穀物畑のミステリーサークルが宇宙からの遺産であるという考えをあざけるようにと教えてきた。しかるにすべての政府が、われわれの太陽系の姉妹惑星からの勇敢で無害な訪問者の存在と、彼らの創造性とより高位のテクノロジー（技術）について論争の余地のない証拠を持っている。物質のより精妙な界についてのわれわれの全くの無知が、世界の主要国政府が非常に長い間このごまかしを維持することを許してきたのである。

ついに暴露されるときが訪れた。なぜなら、政府機関はもはや真実を――われわれの太陽系のはるか彼方の惑星との友好関係を――地球人間から隠しておくことはできないだろうから。すでに、マイトレーヤの出現の前触れである「星のような発光体」が世界中の人々に、自分たちが何年もの間、政府に騙されていたことを示しつつある。マイトレーヤがわれわれと他の惑星との関係について、そして長い間われわれの間に続いてきた協力関係についての真実を明らかにされることは確かである。本当に、暴露の時である。

二〇〇九年六月十四日（二〇〇九年七、八月号）

戦争の冒瀆《ぼうとく》

前世紀に、世界は二度、全面戦争に、すなわち一つの戦争の二つの恐ろしい局面〔訳注＝第一次と第二次世界大戦〕によって震撼《しんかん》させられ、何千何百万人もの犠牲者を出した。それぞれが「戦争を終わらせるための戦争」となるはずであった。しかし、いまだに、さらに強力な破壊力を持つ兵器で、もう一度、力比べをすることを企み、計画する者たちがいる。戦争は何事も解決せず、何も証明せず、地球の住民に苦痛と喪失を加えるだけにすぎないということに人間が気づくまで、一体どのくらいかかるのか問わねばならない。

覚者たちが日常世界に戻る大きな理由は、まさに人々にこのことを思い出させ、戦争に永久に背を向けるように人間の思考に影響を与えるためである。今日、非常に多くの国が、人間がかつて考え造り出した最も破壊的な武器である核兵器を保持しており、将来の大きな戦争は最大の惨事となるだろう――すなわち地球という惑星上のいのちの完全な破壊である。何百万年もの間、地球は死んだ惑星、有毒廃棄物となるだろう。人間自身はどこかの暗い、遠くの世界に転生しなければならず、再び光の中に入るための、長い長い旅路を歩まねばならないだろう。

マイトレーヤが今にも彼の公の使命を始めるとき、彼はこの問題とその結果に人間を直面させ、そして彼の解決法と助言を提供するだろうことを確信してよい。戦争は冒瀆《ぼうとく》であり、それに関わるかどうかに関係なく、それはすべての人間に対する犯罪であり、嫌悪されるべきことであることを、彼は人々に思い出させるだろう。もし人類と低位王国が生き延びようとするならば、戦争をそのように見なければならないと彼は言われるだろう。

分かち合いと正義のみが人間の未来を保証するだろうと、彼は言われるだろう。和合と協力に励みなさい、地球上の人間はひとつであるのだから。「あなたの兄弟をあなた自身として見なしなさい」、そして神聖への最初の一歩を踏み出しなさい。「あなたの兄弟の必要をあなたの行動の尺度となして、世界の問題を解決しなさい。それ以外の道はない」

マイトレーヤはそのように地球の人間に語るだろう。そのようにして、彼は人々の思考の方向を変えようとされるだろう。

人々は彼の助言に耳を傾け、行動するだろうか？　恐怖と不吉な予感が人間の心（マインド）を満たす。古くからの思考習慣はなかなか死なず、変化をひどく嫌う。

しかしながら、今日の経済崩壊に伴う問題と喪失がますます人々に新しい生き方を求めることを奨励し、彼らの思考を分かち合いへ、より公正で、物惜しみしない世界の創造へと向けさせる。かくして多くの人々がマイトレーヤのことばに応える用意がある。もちろん多くの人々は変化への準備がない。多くの人々は現在の状況に満足しており、近いうちに市場が〝上向きに〟なり、再び会社や自分たちのために空中から金をつくりだすことを期待している。

さらに、宗教界の多くの者たちはマイトレーヤの出現を歓迎しないだろう。知識を奪われ、人間の創った彼らの独断的教義にしがみつきながら、彼らは愛の主であるマイトレーヤの裡に彼らが恐れる忌まわしい「悪」を見いだすだろう。しかし、すべてではない。世界中の多くの宗教団体は以前に、扮装した形ではあるが、マイトレーヤを見、彼のことばを聞いたことがある。彼らは、彼らの前に現れて、彼らの土地にアクエリアス（宝瓶宮）からのいのちの水を授けてくださり、分かち合いと正義の種を彼らの心（マインド）に植え付けた教師のことを思い出すだろう。

やがて、より良い、より公平な、より安全な世界を求める圧力は非常に大きくなるので、最も偏狭頑迷《へんきょうがんめい》な者でさえ彼らの声を変化への叫びに加えるだろう。そのようになるだろう。

二〇〇九年七月十五日（二〇〇九年九月号）

永遠なる真理の光

一八七五年の冬のある日、神智学協会の創立者の一人であるヘレナ・ペトロヴナ・ブラヴァツキーは、この惑星の霊的ハイアラキーのヒマラヤロッジの何人かの覚者方から授かった教えを、彼女の力の及ぶかぎりあらゆる手段を使って広めることを誓ったのである。その誓いに忠実に、彼女は世界にこれらの教えを伝えるために働き始めたのであった。彼女の著書『秘密の教義（Secret Doctrine）』『暴かれたイシス（Isis Unveiled）』『神智学への鍵（The Key to Theosophy）』は、非常な肉体の病をものともせずに働きつづけた彼女の根気強い勤勉さと意志の証である。これらの独創性に富んだ作品は、何年にもわたって多くの真の探求者に知識を与え、鼓舞してきたのであり、今もそうし続けている。

これらの貴重な洞察についての一般的な反応は全く異なったものである。偉大なイニシエートの仕事と才能が、特に当時の宗教界や科学社会によってあれほどけなされ、あざけられるということは滅多になかった。百三十五年ほどもたった今日でさえ、ブラヴァツキーは、山師だとか、霊媒だとか「嘘つきのペテン師」としてしばしば退けられる。彼女に対する非難は非常に激しく、世界的だったために、その否定的見解はいまだに彼女の名前に付きまとっている。また神智学自体に対しても同様である。

ブラヴァツキー夫人は第四段階のイニシエートで、ほとんど覚者であったのであり、弟子イエスと同等のレベルであり、かの偉大なるレオナルド・ダ・ヴィンチのレベルに近かったのである。そのような卓越した「善のための労働者」が、どうしてそれほどまでに中傷され得るのか。無知と恐怖心がいかに人間の知覚を支配し得るかについての最も良い例はイエス御自身である。キリスト・マイトレーヤによってオーバーシャドウされている間でさえ、イエスは無思慮な人々のこれらの二つの属性（無知と恐怖心）のために苦しめられたのであった。

今日、世界は多くの問題に取り組んでおり、これらの問題を評定し、解決しようとする中に、予想どおり分裂が起こった。至るところにいる人間のマインド（識心）と頭脳の特質は異なり、新しい、馴れないアイディアに対する姿勢（心の開き度合い）は異なる。また人々は進化の梯子の異なった段階におり、梯子の下段に近いところからは、彼らよりも上の段にいる人々の仕事や洞察はほとんど、あるいは全く意味をなさないのである。これまでいつもそのようであった。

しかしながら今後は、この昔から続いてきた問題はすべての者の利益へと改善されるだろう。マイトレーヤとますます数を増す彼のグループの覚者たちの臨在が、人類に大きな感化をもたらすだろう。

不朽の智恵の教えの、より簡単なレベルの教えの多くが全体としての世界に提示され、ますます多くの一般大衆を神智学とその教えに引き付けるだろう。これは大勢の人々が、イニシエーター〔イニシエーションの儀式を司る方＝訳注〕の前に立ち、意識的に光の中に入る準備をするのを助けるだろう。

このようにして、多くの男女は、この新しい状況を利用して、彼らの進化の旅路において大いに成功するだろう。マイトレーヤが前面に出て来られるとき、この過程は始まるだろう。マイトレーヤに応えるにつれて、ますます彼らは真理への欲求が、そして智恵と光への願望が自分たちの裡に増大するのを発見するだろう。

二〇〇九年九月五日（二〇〇九年十月号）

人間の生活は繁栄するだろう

近年の金融、経済の崩壊が生活に与えた損傷の度合いを人々がより完全に認識するとき、古い制度に戻ることは、多くの者がそう望んでいるのだが、それは不可能であることを発見するだろう。経済は貪欲《どんよく》と利己主義と分離主義によって粉砕《ふんさい》されたのだが、本質的には新しい時代のエネルギーの作用によって破壊されたのである。すでに、人々が認識している以上に、アクエリアス（宝瓶宮《ほうへいきゅう》）のエネルギーはその不思議な力を地球に働きかけている。人々は意識においてますますお互いに引き寄せられており、統合のエネルギーがその恩恵ある仕事を行っているのである。すでに多くの者たちが、あたかもひどい重荷から解放されたかのように、新しい方法に反応しており、単純化された、しかしより和合した世界を望み見ている。

これを見るとき、わたしたちもまた人間の特質に対するわたしたちの信が満足させられ、強められるのである。人間が新しいものを探し求め、反応するのを見て、将来についてのわたしたちの希望は新たにされるのである。地球の環境を絶望から希望へと変えているのは奇跡の〝星〟のみではないが、しかしそれはこの変容への強力な要素であることは明らかになっている。アクエリアス（宝瓶宮）のエネルギーがますます人間の裡《うち》に和合と一体性への願望を創造するだろう、そして今すでに将来の変容の種を蒔いているのである。

その一方で、マイトレーヤは御自分のお顔が人間に見られる日を辛抱強く待っておられる。その日はもう遠くはない。すでに彼の最初のインタビュー、つまりたくさん行われるだろうインタビューの最初のもののための手配がなされつつある。彼の話に対する反応が静かであり、あるいは押し殺されたものであっても驚いてはならない。それ以後に続く出演で、マイトレーヤは、世界の苦悩する貧しい者たちのために、戦争を終わらせるために、正義と分かち合いが人間をその慈悲深い恩寵《おんちょう》の中に包み込む世界のために、声高に、大胆に語るだろう。マイトレーヤに対して、多くが、非常に多くが期待されている。しかし、彼の精神の途方もない寛大さを認識することのできる者はいない。人々は彼を友として、教師として知り、愛するようになるだろう。そして喜んで彼のことばに応えるだろう。マイトレーヤは人間から、正義と分かち合いと平和を求める彼ら自身の心(ハート)を呼び起こすだろう、それはすべての人間の心(ハート)の裡にある永遠の宝石である。

人間が過去の過ちと不適切さを再考するにつれて、これらの聖なる属性のさらなる開花の時がやって来る。マイトレーヤと彼のグループ(覚者たち)の指導の下に、人間の生活はかつてないほどに繁栄するだろう。それが人間を、過去の無知と恐怖の状態から、今はほとんど知られていない神聖の表明へと持ち上げるのである。

二〇〇九年十月十一日(二〇〇九年十一月号)

人々は呼びかけに応えるだろう

時の初めから、人は自問してきた——自分はなぜここにいるのか、人生の意味は何か、と。様々な宗教や過去の聖者たちの教えにもかかわらず、ほとんどの人々は、われわれが〝人生〟と呼ぶところのものに目的や意味があるのかどうかについて悩み、確信なく、また同様に〝死後〟にわれわれを待つ体験が、もしあるとすれば、何なのかを知りたがっている。

来るべき時代には、これらの積年の心配や不安に対する答えがすべての者の一般的な知識になるだろう。これは、大体において、マイトレーヤと覚者たちの一団の公《おおやけ》の臨在の結果であろう。あなた方の兄たちが人間の意識を刺激し、彼らが与える教えの模範を示すので、比較的短期間に途方もない目覚めが起こるだろう。数多《あまた》の人間にとって、過去の疑いや不安は消え去るだろう。人々は、自分たち一人ひとりが大いなる発見の冒険に従事しており、それがやがて、これまで夢見ることもなかった完成の域に自分たちを導いてくれることを確信するようになるだろう。そのような意味と目的の感覚が現在の貧弱で不安な疑いに取って代わるので、言い知れない創造性と変化の時代が開花し、栄えるだろう。そのようになるだろう。かくして人間は、神（神性）の模範としての彼らの運命《さだめ》に目覚めるだろう。すべての人間は神聖な存在なのだが、すべての者が、これが真《まこと》であることを知るわけではない。人々はますますこの真理に気づくだろう、そして彼らの周りの世界を変えるだろう。

覚者たちは公《おおやけ》に認知されて仕事をするために準備している。彼らの臨在によって、社会生活で必要とされる変化はより良い方向へのものであり、長い間必要だったことであるという自信を人々は持つようになるだろう。目標は、覚者たちと人間があらゆる領域の仕事において共同で働くべきであり、そのようにして要求される変化の速度を速めることである。

最初に優先すべきことは、戦争を永久に、完全に、全く放棄《ほうき》しなければならないということである。分かち合いのみが必要とされる信頼を生み出し、それが世界中に正義を創造するということが知られるだろう。正義（公正さ）が君臨するまでは、真の平和は決してないだろう。一歩一歩、人間はこの論理に気づくようになるだろう。人々は、選択肢がないことを理解するようになるだろう。もし人間が生存し、栄えようとするならば、不正義と戦争を放棄しなければならない。人間はこのチャレンジ（挑戦）に応えることができるのか。人間は地球上での長い逗《とう》留《りゅう》の間に多くの栄枯盛衰《えいこせいすい》に直面し、克服してきた。今日、マイトレーヤと彼のグループ（覚者たち）に導かれて、人間は自分たち自身のために行動し、正義と分かち合いへの呼びかけに応えるように鼓舞されるだろう。

警戒と延期を呼びかける過去の声はたくさんある。しかし、マイトレーヤの声が人々の心（ハート）の裡《うち》に響くのを聞くとき、彼らは、正義と平和、分かち合いと正しい関係、同胞愛と愛への燃えるような切望に焚《た》き付けられるだろう。そのようになるだろう。

二〇〇九年十一月八日（二〇〇九年十二月号）

壮麗なる事業

人類がマイトレーヤを見るとき、彼を認知しようがしまいが、人々は彼とそして彼の掲げることすべて――分かち合いと正義と平和――を支持することを、あるいは拒絶することを余儀なくされるように感じるだろう。かくして、「裂開《れっかい》の剣《つるぎ》」はその定められた務めを果たすだろう。偉大なる主は、彼らのそのようにしてマイトレーヤは変化に対する人間の用意を知るだろう。彼らの一人として人間の前に現れて、人々が、彼の身分ゆえではなく、彼のアイディア（理念）の真理と健全さゆえに、彼に従い、彼を支持することを確実にするのである。

それでも、人々が彼をマイトレーヤとして、キリストとして認知しようが、あるいは単に、正義と平和を願い、すべての人間のための、より良い世界を願う自分たち自身の志向に一致する賢明さを持つ一人の男として認知しようが、それはどうでもよいことである。

徐々に、多くの人々がマイトレーヤをすべての宗教団体が様々な名前で待望していた御方として見始め、そのような名で彼を呼ぶだろうと推定しなければなるまい。ある者は「彼はイマムマーディに違いない」と言い、ある者は「クリシュナが再び来られた、法は成就された」と弁じたてるだろう。また他の者は「きっと彼はメシアだ、ついに来られたのだ」と言い、さらに他の者は彼をキリストとして、あるいはマイトレーヤ仏陀として見るだろう。すべてがこの方を、彼らの希望の成就であり、彼らの必要を満たすために来られた方、彼らの待望してきた方として見るだろう。

マイトレーヤはこれらの主張を肯定も否定もなさらないだろう。そして彼を認知できたと自認する彼のワーカーたちもそうすべきである。大宣言の日までは、マイトレーヤは御自身の本当のアイデンティティーもご身分も認めない（白状しない）だろう。

その輝かしい（大宣言の）日に、人々は、彼らの長い間の待機が無駄ではなかったことを反駁《はんばく》の余地なく知るだろう。そして助けは確かに手元にあることを、大教師はまさに、援助し、導こうとしておられることを知るだろう。彼は救い主としてではなく、兄としてやって来られて、われわれの惑星を救済するために、そして人間自身が彼らの人生と生活の仕方に健全さを取り戻すことができるように、先導しようとしておられることを知るだろう。

われわれの問題は多いが解決可能であることをマイトレーヤは示されるだろう。すべての解決法はすでにわれわれの手中にあることを、分かち合いという単純な行為のみが地球上のいのちをより良き方向へ変容させるパワー（力）を持つことを、示されるだろう。彼は人類の兄として、われわれの信頼を求めるだろう――彼が人類を定められた調和と愛の道以外の方向に導くことがないことを、人々は自分たち自身の恐怖以外に恐れるものは何もないことを、そして前方の道にはすでに神の青写真があることを信頼することを求めるだろう。

このようにしてマイトレーヤは至るところにいるすべての男女が関与する巨大な規模の変容

に人間が乗り出すための道を容易にするだろう。それは人類を壮麗なる事業に着手させる変容であり、地球を太陽系同胞の諸惑星の中の正当なる位置へ復帰させる。

二〇一〇年一月十日（二〇一〇年一、二月号）

目覚め

マイトレーヤが世界の舞台に公に進み出られて、テレビカメラの前に数回、姿を現されたからには、これまでに達成されたことを検討し、そして彼（のインタビュー）を見聞きした人々の反応を解釈することができる。これらの一般大衆への予備的なアプローチにおいて、マイトレーヤは、変化や再生のための急激な革新的なプログラムを強調し過ぎて、彼が助けようと欲する人々を怖がらせないように気をつけておられたということを念頭においてほしい。何千万の人々に苦痛と辛苦をもたらした金融関係の現在のやり方に対して批判的であるかたわら、彼は人間の多くの業績とより良い世界の創造を求める彼らの用意を賞賛した。

これまでのところ、反応は無言ではあるが思慮深く、マイトレーヤの思いの静かな真剣さに共鳴しているものと分類されよう。マイトレーヤは、いと高きところから来られたメシア的人物としてではなく、普通の男性として、われわれ人間の一人として紹介されたことを覚えていなければならない。かくして、人々の反応は自然で、正直なものであり、彼らの恐怖や希望の本当の反映であった。もちろん、視聴者の背景によって、その反応は様々であったが、しかしマイトレーヤはこれまでの反応に満足しておられる。

この時点以後、マイトレーヤは緊急な変化の必要を、正義と分かち合いに基づく平和の必要性を一段と強調していかれるだろう。彼はまた、惑星地球の窮状とその問題に対する人間の責任に注目を向けていかれるだろう。かくして、偉大なる主は、われわれの世界と生活の再建設のための行動を組織化して、クライマックスへと漸次《ぜんじ》強めていかれるだろう。

この種のインタビューは世界中で継続的に行われるだろう。そして至るところにいる人々を、自分たちの生活を建て直す機会に、分かち合いによって正義と平和を創造し、自分たち自身をひとつとして見、人間を運命《さだめ》られた神への道から長い間、引き戻してきた競争と貪欲《どんよく》を永久に終わらせることに目覚めさせていくだろう。

かようにして、マイトレーヤは人間をなだめながら長い間のまどろみから揺り起こし、変化への彼らの欲求を目覚めさせるだろう。

かようにして、大いなる知識ある世界世論、地球上の最大のフォース（力）が育つだろう。その巨大なフォース（力）に対して、いかなる反動的な教義も太刀打ちできない。マイトレーヤによって鼓舞され、活気づけられた人類自身が自分たちの未来を徹底的につくり直し、すべての者のための自由と正義を通して、「善意と顕現《けんげん》された愛の時代」を確立するだろう。

二〇一〇年二月九日（二〇一〇年三月号）

マイトレーヤは語る

一週一週と経過するごとに、マイトレーヤのことばと思いは、それらの活気づけるアイディアと楽観的な概念の出所を知らない何百万の人々の心（マインド）に共鳴する。多くの者はこれらの意味とビジョンをじっくりと考慮し、不思議に励まされる。また他の者たちは力を得、活気づけられ、新しい勇気と決意で満たされる。また他の者たちは、非常にシンプル（簡素）でリラックスしていながら、素晴らしく賢明なこの男は一体誰なのかと不思議がる。彼の出現がもたらした歓びと愛の感覚は大きい。

もちろん、すべての人が彼のアイディアを魅力的に感じるわけではなく、あるいは魅力的ではあるがユートピア的であり、達成不可能だと思う。多くの人々は慎重であり、彼らが最も恐れるべき人物――シンプルで謙虚で善意と愛のオーラに包まれている人物――として教えられてきたあの人なのかもしれないという恐れで、やや不安を抱いている。

このようにして、多くのタイプとレベルの人間が、彼らの姿勢と変化への用意を明らかにしていくだろう。

その間に覚者たちは、間近な将来のために彼らのグループを準備する。すべての国の男女が、彼らの手腕と利他的な奉仕を待つ仕事のために集められ、訓練されている。彼らは、新しい世界の必要と行動の優先順位を知っている。奉仕が鍵である。マイトレーヤと至るところにいる人々からの召集が鳴り響くとき、これらの勇敢なる人々が大勢そのチャレンジに応えるために立ち上がるだろう。かくして、一つの運動（ムーブメント）が始まるだろう。そしてそれは勢いを増しながら、間もなく世界を網羅し、世界をつくり直すだろう。

あらゆる面における必要が、一つ一つ対処されるだろう――飢え、またはそれに近い何千万の人々を食糧の生産と分配を通して養うこと、森林伐採による人類のゆっくりとした窒息、グローバルな温暖化の克服、「目に見えない危難」の終止、政治的・経済的行き詰まり、左派対右派という政治システムの解消。これらの膨大な仕事の一つ一つが解決を必要とする。それぞれが急を要する、しかし優先事項は、豊かな世界で一人も飢えるべきではなく、またわれわれの惑星はひどく救済を必要としているということである。

間もなく、マイトレーヤのアイディアの影響が見られ始めるだろう。すでに世界中で、多くの人々が彼の影響に、直接またはその他の形で反応している。ますます彼の思考の影響は、今日公の討論の場で中心的位置を占めている利害の論争を明白にするだろう。そして、すべての人間と家族の必要が人類の問題の中心的な核として現れるだろう。

現在でさえ、多くの国々において、すべてのことを、根と枝を再考する必要についての新しい感覚が現れつつある。そして分かち合い、正義、公正さの概念がすみやかに増大しつつある。マイトレーヤの出現の範囲が広がるにつれて、これらのアイディアは栄え、増大することが予想される。

かくして、人間の良心は目覚め、正しい関係の方向に動きつつある。かくして、地味に、穏やかに、偉大なる主は人間の行動を浄化し、神聖にするために働く。

二〇一〇年三月十四日（二〇一〇年四月号）

人々はマイトレーヤに気づく

これからは、人々は、助けが身近にあり、人間はひとりではなく、どうすることもできないとき、悲嘆にくれるとき、彼らに援助がないわけではないというアイディアをもっと真剣に受け止めるようになるだろう。最近の出来事が再び人類に希望をもたらした――人々の必要が最も大きなときに、救援の望みをほとんど放棄したとき、どうにか彼らの祈りは応えられ、苦痛は和らげられた。マイトレーヤのことばが、いかに静かに、遠回しに発せられようが、その真髄に対する人々の反応は非常に強力なので、多くの人々はすでに励まされ、すべてが良くなるだろうということを、人類の未来は公正で情け深いだろうということを、彼らがあえて望み得るよりもさらに良いだろうということを再び保証されたように感じている。

多くの人々はこの男性が本当に〝われわれの中の一人〟だということについてすでに疑い始めており、助けを求める彼らの呼びかけに応えて、彼らの重荷を軽くするために上から遣《つか》わされたのではないかと思い始めている。当然ながら、多くの者は彼のことばを、役に立たないし、自分たちの欲望の邪魔になると思う。しかし、さらにずっと多くの人々が彼のアイディアの単純な真理を感知し、それらの結実を熱望する。かようにして、静かに、そして着実に、マイトレーヤは人間の窮状を援助する。すでに彼を認知した者たちもおり、彼に祈る。他の者たちは、彼らの多くの問題への答えをはっきりと聞けることを喜び、それらの解決に役割を果たす機会を待つ。

かようにして、マイトレーヤの単純なことばは世界中にこだまする。かようにして、人間の裡《うち》に再生への希望を目覚めさせる。十分に多くの人々が目覚め、変化への用意があるところでは、マイトレーヤは彼の話のテンポとエネルギーを増大させて、何千万もの人々を刺激し、彼ら自身のための行動を呼びかけさせる。行動は彼ら自身から起こさなければならないことを、人々は認識しなければならない。さもなければ、何も新しいことは起こり得ない。人間がこれに気づくとき、彼らは自然に、希望に燃え立つハートで、行動するだろう。そのようであろう。そのようにして人間は彼らの運命《さだめ》を全うし、彼らの前に開かれる新しい時代のためのより良い枠組みを創るだろう。

マイトレーヤは、人間を正しい関係に導くための彼の仕事の始まりにいるにすぎない。しかし、すでに彼のことばが何千万の人々を勇気づけ、行動して、彼らの運命《さだめ》を、革命を通してではなく、自分たち自身の運命《さだめ》の啓示を通して、当然の権利として要求するように活気づけるだろう。

二〇一〇年四月十一日（二〇一〇年五月号）

同胞愛《ブラザーフッド》

疑いもなく、今は人類にとって非常に重要な時である。今人類が行う決断が、大体において、この惑星の未来のすべてを決定するだろう。将来の世代は、今日の人間の非常に多くが世界の病《やまい》に対する懸念をあまりにもあっさりと振り払うことを不思議に思うだろう――莫大な余剰食糧に恵まれた世界の中で、それを欠くために何千万の人々が飢え、そして死ぬ状況、さらに多くの人間が絶えずひもじく、栄養失調である状況。多くの人々はこれが本当であることを知っているのだが、それについて何もしない。どうしてこれが可能なのか？　彼らの行動を妨げるのは何か？

この非行動の土台にあるのは自己満足感である。それが世界にある悪のすべての根源である。自己満足感は、人々を引き離し、『同胞愛《ブラザーフッド》』の開花を阻《はば》む分離という罪悪の中にその根を持つ。人間はもうすぐこの真理に気づくか、あるいは死滅しなければならない。『同胞愛』はアイディア（観念）であり、そしてわれわれの惑星のいのちの事実である。すべての行動の基盤として同胞愛のリアリティ（現実）なしには、人間のすべての努力は無に帰するだろう。

人間が同胞愛を人生の本質的な特質として受け入れるとき、われわれの日常生活のあらゆる面がより良い方向に変わるだろう。同胞愛が顕現《けんげん》されるたびに、人間同士の間につくられ、誤解と不信につながる障壁が溶かされる。同胞愛は喪失や不幸の痛みを和らげる。それは育て、はぐくまれるべき貴重な贈物である。同胞愛を宝としなさい。それは心（ハート）の中の最もすぐれた部屋への入り口の鍵である。あなた方の兄たちであるわたしたちは、同胞愛をわたしたちの最高の特質として大事にし、そしてそのリアリティを維持し、強化することに努める。人間もまた同胞愛の有益な真理を把握するとき、その特性が表す美を認識するだろう。そして神聖そのものの美の何がしかをつかみ取るだろう。人間が神聖であると同様に同胞愛は神聖である。それ以外ではあり得ない。

人間はまさに深淵なる真理の体験、彼ら自身の本質的『存在（Being）』についての認識を体験しようとしている。大多数の人々にとって、それは遠い過去の中に長い間失われていた（心の）状態に生まれ変わるような体験としてやって来るだろう。各人が、それぞれの方法で、あがなわれ、新たに再生し、浄化され、清められるのを感じるだろう。『同胞愛』の歓びと美が、彼らの『存在』を震わせるだろう。そして各人が己自身をあの美と愛の一部として見るだろう。

二〇一〇年五月十二日（二〇一〇年六月号）

平和への探求

疑いもなく、人類による最も重要な達成は戦争の終結であろう。これが達成されると、人間のエネルギーは、今日彼らを悩ませる多くの他の問題に取り組むために解放されるだろう――豊かな世界で不必要に飢える何千万の人々、惑星の生態系の危険な不均衡、金持ちの先進開発国と貧困な開発途上国との間にますます増大する溝、さらに悪ずれしたテロリズムの増大とそれに対する恐怖、世界中の経済崩壊によって生じた苦難と恐怖。

幾つかの国の政府はこれらの困難な問題に対処しようと試みるが、他方、他の国はそれらの問題の主犯であり、扇動者である。人類には何ができるか？　各々の問題が他の問題から派生し、すべてが手に負えないように見えるとき、いかにして始めるか？　わたしたちの観点から見れば、これらの問題は現実であり、緊急なものであり、そしてたった一つの状況から生じる。それは人類の肩に重いくびきのようにのしかかる分離主義であり、すべての一致した行動を妨げる。理性よりもイデオロギーが、いまだ、諸政府のマインドと行動を導いており、その決定事項がすべての者の生活に影響を及ぼす。彼らは自分たちの立場を支持する友や同盟国を求め、かようにして勢力圏を築き、人々の心（ハートとマインド）の中に支配権を得ようと懸命である。

今日、この問題はキリスト教とイスラム教の間に再燃した宗教的分離によって増大している。

ますます世俗的な世界の中で、両方の宗教の原理主義信奉者たちはますます好戦的であり、対決の温度をさらにいっそう危険なレベルに持ち上げる。特に、イスラム教のテロリズムは、伝統的なイスラムの信仰と全く矛盾して、平和な世界への試みに対して、新しい次元をもたらした。このプロセスをいかにして逆転させるか？　これらの問題を解決する方法は一つしかない。それはこれまで試みられたことのなかったことであり、しかもそれは、あっという間に数え切れない人々の苦しい運命を和らげ、ついに、やっと苦悩する世界に本当の永続的な平和をもたらすであろう。

人々は自分たちが分離していないことを、分離したことは一度もなく、そして分離することは決してないということを認識しなければならない。彼らは、われわれすべてを包む神聖で継ぎ目のない総体の部分であり、それに対してわれわれは、それぞれのやり方で『神』という名前をつける。『神』は平和であり、正義と分かち合いと信頼であることを、そして彼らの恐れは彼らの兄弟たちに対する恐れでもあることを、人々は認識しなければならない。マイトレーヤの任務は人間にこの真理を示すことであり、彼らの切望の中核にすべての者が望む平和が存在し、顕現《けんげん》するのを待っているということを思い出させることである。

二〇一〇年六月十三日（二〇一〇年七、八月号）

人類の中に新しい光

光の勢力はすでに地盤を獲得しつつあり、進歩を遂げ、人々の心（ハートとマインド）を捉えつつある。大多数の人間に知られずして、この惑星とその住民の将来のために猛烈に戦われてきた闘争の結末が確かで安全なものであることを予測することは、今でさえ可能である。

数え切れない長い間、その闘争はすべての界において、あらゆる条件や状況の中で戦われてきたのであり、世界の歴史のまさに基本構造となっている。ようようにして、新しい光が人類種族のオーラの中に観察されるが、その光は人類の将来にとって良い前兆である。この新しい光はどこから来るのか。それはもちろんたくさんの出来事と祝福の結果であるが、なかでも、それは人間が自分たちを新しい光の中で見始めつつあり、自分たち自身を、少なくとも潜在的に、神聖なる存在であり、彼らが考えていたよりもずっと価値のある意味ある存在であり、彼らが誇りを持つことのできる世界を創造する能力があるということを感知し始めていることの徴《しるし》である。

今日あまりにもはびこっている苦痛や苦難にもかかわらず、多くの人々は自分たち自身のうちに新しい自信を感知しつつあり、そして現在の病は一時的であり、将来には新しい希望があることを、より良い時代が近いことを感知しつつある。人類の内にこの新しい光をご覧になって、マイトレーヤは、人々が彼の努力とエネルギーに目覚めつつあることを、そしてアクエリアス（宝瓶宮《ほうへいきゅう》）の新しい力がその約束を果たしつつあり、人間を目的と誇りの一致を感知しつつ互いに歩み寄らせていることをご存じである。

これからは、この目覚めつつある和合の感覚と、それが生み出す強さがますます顕現し、多くの人々をして、彼らの割り当てられた運命をより良くし、人間を軽んじ無力にしたままにする状況を変えるために組織された行動に導くだろう。そのようにして、世界の状況に相当な変化が比較的短い期間に起こるだろう。人間は彼らが自ら招いた不運のどん底に近づきつつある。

破壊や戦争、自己満足感、利己主義と貪欲《どんよく》のすべてがこれらの悲惨な条件をつくり出すのに一役かった。目覚めつつある新しい光は、人間が大いなる法則を理解し始めているという徴である――無害であることのみが人間を原因と結果の法則、すなわちわれわれの生活の基本的な法則との正しい関係に導くということを理解し始めている。これは霊的な自明《じめい》の理《り》であるが、人類はそれを理解するのに、あるいは受け入れるのに困難を感じる。そのような理解と受諾がなければ、多くの不必要な苦痛と難儀を、永久に、そして瞬く間に、変えてしまうだろう。

一日一日を経過するごとに力を増している、アクエリアス（宝瓶宮）のエネルギーは、人間が無害であることの必要性を知ることを容易にするだろう。これらの恵み深いエネルギーは融合と統合に向けて働き、そうすることで競争と独断的な個人主義への欲望を減少させる。人間がその方向に進む途上にあることを示す徴《しるし》が現れ始めている。

二〇一〇年七月十一日（二〇一〇年九月号）

蘇《よみがえ》る地球

今からおよそ二十年後には、地球を訪れる訪問者はわれわれの生活すべての面における変容にびっくりするだろう。過去の最良のものは保存されているだろうが、しかし新しい活気のある美が至るところに普及し、人間と彼らが住む環境の間に新しい関係が確立されているだろう。今日、何千万の人間がその中でかろうじて〝生活している〟貧民街や掘っ建て小屋は永久になくなるだろう。「人間存在」に対する新しい誇りが、人々の余暇と社会活動に対しても同様の関心を起こさせ、徐々に人間の本質的な必要についての新しい理解へとつながるだろう。新しいテクノロジー（科学技術）が数え切れない大勢の人々を退屈で骨の折れる繰り返しの作業から解放するだろう。すべての分野における知識への要求が大学や工場や農場の扉を大きく開き、そして学ぶことへの新しい熱意が世界中に顕現するだろう。かくして、人々は転生体験の底に横たわる目的をより良く理解し、そうしてわれわれの肉体、アストラル体、メンタル体に対する必要なコントロールが増大するだろう。これが人間をイニシエーションの扉へ、そしてそのようにして完成へと導くだろう。

かくして人間は古くから続いている完成への行路に新たに戻り、そして過去のグラマー（自己眩惑《げんわく》）や過ちから解放されて、もう一度、犠牲の道、すなわち最高の理解と光を妨げるすべてを放棄する道をたどるだろう。人はこの単純な道から大きく迷い出し、大きな災難のまさに瀬戸際までおびき寄せたひどい物質主義によって脇道にそれたのである。しかし人々は、彼らの永遠の神性が再びそれ自体を主張して、あの断崖から引き戻したことを知るだろう。

ますます大勢の人々が、至るところで、これが本当であることを感知し始めており、そして変容の仕事に目覚め始めている。このようにして、人々は彼ら自身の責任感が補強され、それに従って反応することを知るだろう。かくして、未来の労働者（ワーカー）たちは見いだされ、かようにして、世界はより良い方向に変化する。

まだ静かにではあるが着実に、マイトレーヤはこの過程を強化するために働いておられる。彼の恩恵をもたらすエネルギーはイースト菌のように作用して、人間の志向を持ち上げ、そして反応することのできる人々すべての決意を強化する。彼らは大勢であり、光の中の労働者（ワーカー）の大いなる軍団が築かれており、その光が世界を変容し、すべての人間のための未来を保証するだろう。

二〇一〇年九月十三日（二〇一〇年十月号）

人間の究極的勝利

人類にとって将来の生活は、より公正でストレスが少ないのみならず、何千万の人々にとって現在の生活よりもずっと興味深いものとなるだろう。再建の仕事は膨大であり、その分野だけでも、多くの人々の創造的パワー（力）は限りない刺激を見いだすだろう。やがて、より秘教的な性質の初歩的な教えが望ましく思われて、水門は大きく開かれ、途方もなく鬱積《うっせき》していた知識への渇きが世界中に顕《あらわ》れるだろう。人々は知るべき知識の膨大さに驚嘆し、渇きを癒すために熱心に行動するだろう。広大な教育プログラムが、要求される知識と理解を提供するだろう。進化の旅路における最重要な要素としてのイニシエーションのリアリティ（実相）が大勢の人々を鼓舞して、自分自身の進化をコントロールしようとするだろう。そうして自分の器《うつわ》（諸体）の必要な浄化に取りかかるだろう。何人かの覚者たちが公に仕事をされ、途方もない刺激がこの仕事に与えられるだろう。そして比較的非常に短い期間に、多くが成し遂げられるだろう。すでに約五百万人が最初のイニシエーションの瀬戸際に立っている。その数は近いうちにさらに何千人も増えるだろう。

かくしてイニシエーションの過程のミステリー（神秘）が人類を鼓舞し、そのステップをしっかりと「解放への道」に置くべく活気づけるだろう。

現時点においては、そのような見解は現実から程遠く、いくらかナイーブなようにさえ思えるかもしれないが、マイトレーヤと彼の覚者たちの一団の外的な存在がすべての国の、文字通り何千何万の人々の心（マインドとハート）に驚くべき影響を及ぼすだろう。高邁《こうまい》で純粋な志向を持って、これらの人々は新しい世界の創造への、そして地球という惑星に生きていることについての全く新しい見解に対して、今や用意が整っている。彼らの多くは、おそらく大多数は、若く、年寄りたちの冷笑と尽きない貪欲《どんよく》によって比較的汚されていない人々である。かくして彼らは、過去の過失とグラマーによって盲目にされて彼らの父祖たちを混乱させた諸問題に対して、明確な答えを見る。これらの若い人々が彼らの父祖たちのためにこの世界をつくり直すだろう。彼らはこの目的のためにこの世に転生してきたのであり、マイトレーヤの呼びかけに応えるだろう。また彼らの多くは、彼らを待つ仕事のために訓練されて用意を整えてやって来ており、彼らはその仕事を、臆することなく、喜んで果たすだろう。

恐れるではない。世界はこれらの若者たちの手にあって安全である。彼らは奉仕し救助する機会を切に待ち望んでいる。多くの者が、今日、人間の過失と欠点をはっきり見るが、あなた方の長兄であるわたしたちに、人間の究極的な勝利についての確かな知識を与える神性（神）を見ることができる者はほとんどいない。

二〇一〇年十月十一日（二〇一〇年十一月号）

人間の必要

人間が現在の状況をよく吟味するとき、到達できる結論は一つ——最近の行動様式ですら、もはや機能しないということである。すべての面において、特に金融、経済の部門において、継続的なそしてますます増大する混乱がある。四苦八苦する政府が何らかのコントロールを回復するのを助けるために〝専門家〟たちが召喚されるがほとんど役に立たない。古い、これまでに試みられてきた方法は、首相や財務大臣がどんなに経験豊かな人材であろうとも、彼らの意志に従うことを拒む。世界の諸々の政府は何をすべきか？　何ができるのか？　事態が〝落ち着く〟ことを、そして古いパターンが生き延びることを願いながら、彼ら（世界の諸政府）は古い制度機構をしばしの間操作し続けることはできる。しかし、これはまさに虚《むな》しい望みである。一般的に言って、ほとんどの国の政府は彼らの役割を〝現状維持〟の保護者として、支持者として見る。すなわち、人生は静的であり、したがってすべての変化を反抗だとか、望ましくないものとして見るのである。

この姿勢は、〝右派〟だろうが、〝左派〟だろうが、資本主義だろうが、社会主義だろうが、ほとんどの政府に当てはまる。いずれの場合にも、彼ら（諸政府）は、変化を、生きることについての新しい概念を、家族を平穏と安全と福利安寧のうちに育てることを求める国民の熱望を認知し損なう。政府の失敗は、まさに、彼らの真の役割は国民の福利安寧のための面倒を見ることであるということを理解しないゆえである。競争と〝市場エネルギー（フォース）〟の追従の中に迷っている政府は、大体において、自分たちが代表すると主張するその国民の必要を熟知していない。権力と権威のグラマーが、非常にしばしば彼らの奉仕への願望に打ち勝つ。

国民の本当の必要からかけ離れて、彼らはイデオロギーと理論に退く。そうではあるが、すべてが彼らのせいではない。彼らは、闘おうとしているそのエネルギー（フォース）について何も知らないのである。無知であるがゆえに、彼らは過去の破壊的エネルギー（フォース）のたやすい餌食になる。

その間、国民は苦しみ、待ち、祈る――大体において、彼らが祈り求める助けは、今でさえ彼らの中にあり、彼らの苦しみに手を差し延べ、彼らの運命を和らげる用意も熱意もあることに気づいていない。国民は自分たちの必要の本当の性質を知っている。ただそれに声を与えてくれる強い勇敢な代表を必要とするだけである。その代表者、マイトレーヤはすでに存在しており、諸々の出来事の方向に影響を与えるべく、静かに働いておられる。間もなく、その声はより強い口調になるだろう、そしてそれに多くの人間が応える用意があるだろう。かようにして、大計画はすべての人間の将来を安全にするためにその情け深い目的を成就する。

二〇一〇年十一月十三日（二〇一〇年十二月号）

人間の本質的同胞愛

数え切れない長い間、人間は食物、利得、安全、平和を求めて地球を放浪してきた。部族として、あるいは国家としてでさえも、人間は惑星を何度も何度も縦横に彷徨《さまよ》いながら、長い間連続的に異種の民族と戦い、そして異族間の結婚で結ばれてきた。この尽きることのない放浪の結果が今日のひとつの人類なのである。皮膚の色や宗教や伝統や言語が何であろうとも、すべての人間は共通の先祖からの子孫であり、同じ方法で現在の状態にまで進化してきたのである。現在の状況が、確かにあるグループにとって他よりも有利なのは多くの歴史的要因の結果であり、知性や適応性における先天的な違いの結果ではない。歴史を通じて、様々なグループが長期間あるいは短期間、突出し、名声を上げ、そして、彼らの存在を後々の世代に思い出させるための彼らの創造性を残して、再び埋もれ消えていった。

これはすべて本当であり、現代の人類は自分たち自身をひとつとして見なし、姿形の違いは、様々な人種タイプの出現を通じて、定期的に顕現してきた光線の影響であると共に、比較的最近の気候的条件の結果であると見なすことが非常に大切である。人類は、ひとつとしての意識を培《つちか》うことにおいて、まだ共に進化しつつあるのである。

共に進化成長しながら、各々の種族や亜種族が何らかの新しい特質を全体に寄与する。輪廻転生の過程は、徐々に各人が新しい知識と新しい時代についての認識を受け継いでいくことを保証する。もし人間が本当にこの過程の複雑さと美しさを理解するならば、今日の〝人種差別〟のような嫌悪感や不信感は永遠に消え去るだろう。本当に、人間は兄弟であり、終わることのないように思える自己発見の行路を共に歩んでいる仲間であることに気づくであろう。

あなた方の兄であるわたしたちが、より公に働くとき、これが人間の特質と関係についてのわれわれの理解の中心的真理であることを知るだろう。人間家族はわれわれのいのちを養う基礎である。その中でわれわれは協力し、われわれの分かち合われたアイデンティティー（本体）の豊かな織物を形成しながら、共に創造するのである。

ではいかにして、人間はこの本質的な理解に到達することができるのか。わたしたち同胞団（ブラザーフッド）が、この関係を、わたしたちが行うすべてにおいて実演するだろう。かくして人間は、彼ら自身をすべて同胞として見るようになるだろう。分かち合いが人間をこのうれしい峠に導き、真理についての彼らの新しい実演（デモンストレーション）が彼らに栄光を与えるであろう。そのようになるだろう。

そうして人間は彼らの知識と経験を分かち合って、達成の高台を征服するだろう。人間はついにお互いを自分自身として認識することで、兄弟たちとの距離を置くために立ててきた偽りの障壁を永遠に消し去るだろう。

二〇一一年一月十七日（二〇一一年一、二月号）

民衆の声は聞かれた

最近の十八日の間、世界の注目はいにしえの街の一つの広場に釘付けにされた。何万、何十万ものカイロ市の人々、老いも若きも、非常に若い子供たちも、勇敢に戦車や水砲の脇を通り抜けて行進し、そして彼らは催涙弾の攻撃の直中《ただなか》を呼吸していく術をすみやかに学んだ。カイロの民衆は、平和的な同胞愛のうちに、彼らの広場を占拠し、守り抜き、タハリール（広場）の名前をエジプトの輝かしい過去の栄光に加えたのである。

十八日の間、彼らは、古い腐敗した政体の警官や代理人たちに公然と反抗したのである。そして自信ある声を一つにして、変化を、正義と職を、自由と法の支配を求める平和的な彼らの中のイスラム教徒は時間が来れば祈りを捧げ、他の者たちは彼らを攻撃から守るために警備した。同胞愛は開花した。そして途方もない霊的な力が広場の中に、そして街全体を通して触知された。

これはどこから来たのか。十八日の間、毎日、マイトレーヤはカイロで、主に広場の中で多くの時間を費やされたのである。多くの異なった扮装で、彼は民衆の中で働き、怪我をした人々や自由と正義のために生命を捧げたたくさんの殉死者たちを慰めたのである。偉大なる主は彼らの熱情と抑制力を導き、祝福した。そして深い愛と和合の感覚がすべての人々の心（ハートとマインド）を満たした。外国のジャーナリストたちは、老いも若きも、金持ちも貧乏人も、障害者も健常者も、市民たちすべてによっておおっぴらに表現された歓喜にひどく驚いた。マイトレーヤのエネルギーと愛に浴しながら、彼らは新たに生れ変わったのである。

近辺の独裁者たちや〝強者たち〟は、この「狂気」を終わらせるために旧政体からの確かな、断固たる反応があることを期待しながら、恐怖と信じられない思いで毎日テレビに写る光景を見つめた。この「狂気」は新しい時代の、正義と分かち合い、自由と愛の時代の声であった。それは民衆の声であり、民衆は彼らの和合とパワー（力）に目覚めた。古い独裁者にとって、彼らの碑銘《ひめい》は壁に書かれている。

二〇一一年二月十三日（二〇一一年三月号）

人間の責任

太初《はじめ》のときから、人類はわれわれの住処《すみか》なる惑星の自然の騒乱を恐れた。想像し難《がた》い狂暴さを持つ地殻の激変によって、繰り返し、繰り返し、地球の表面の巨大な部分が破壊された。多くの人々にとって、この事実を受け入れることは難しく、多くの宗教人の心（マインド）に神の人類に対する愛の真実性について深刻な疑問が持ち上がる。地震や津波などで何千人もの人々が殺されるのを許す慈愛深い神を信じることができようか？　もし人類がそのような惑星的破壊に彼ら自身の関わりを理解するならば、その出来事を防止するのに大きな役割を果たすことができるのである。

地殻は長い年月にかけて変化しており、単一に平均的に世界に広がっているのではない。よく知られているように、それは異なった深さの様々なプレートの形をとっており、それらは重なり合い、相対的に絶えず動いている。プレートの端や断層ラインの上や近くにある国や街は地震や、海に近い地域では津波に、絶えずさらされる。神の愛が人類を守れないという問題ではなく、地震による圧力であり、それは解き放たれなければならない。では、何が、そのような大きな破壊に至るまでに地震の圧力を増大させるのかと問うかもしれない。

デーヴァエレメンタル（あるいは天使的フォース）がこれらの巨大なエネルギーを働かせる、

あるいは緩和させるメカニズム（仕組み）を管理するのである。地球は生きた存在であり、これらのフォース（エネルギー）の影響に様々な方法で反応する。一つの大きな影響は人類から直接来るのである。人類が、その通常の競争心で、戦争や政治、経済危機を通して緊張をつくるにつれて――すなわち、われわれが平衡を欠くとき――、デーヴァ界も平衡を欠くのである。その必然的結果は、地震や火山の爆発や津波である。責任はわれわれにあるのである。

では、この破壊の周期を終わらせるにはどうすればよいか。人類は方法手段を持つのだが、これまでは変えようとする意志を持たなかった。われわれは自分たち自身をひとつとして見なければならない。一人一人が神の反映であり、兄弟姉妹であり、唯一なる御父の息子や娘たちである。われわれはこの地球から戦争を永久に追放しなければならない。われわれはこの惑星の資源を分かち合わなければならない、それはすべてに属するのである。われわれはお互いに調和した未来を知るようになるために、惑星自体と調和して生きることを学ばなければならない。

マイトレーヤは人間に道を示し、人間の活動を活気づけるためにやって来られた。世界中で、人々は彼らの声を見いだし、正義と自由を呼びかけている。多くの人々が自由と正義に対する彼らの天与の権利を主張するために死んだ。マイトレーヤは、至るところにいるすべての男女が自分たち自身を、マイトレーヤが彼らを見るように、神として、神（神聖なる存在）の聖なる息子、娘として見ることを呼びかける。

二〇一一年三月十三日（二〇一一年四月号）

新しい時代のあり方

中東における最近の出来事は人類を幾つかの問題に直面させた。西洋の強国は、多分に彼らの意に反して、リビアの市民戦争に巻き込まれた。それを彼らは市民戦争として認識しなかったのである。彼らの主な関心事は、すぐ近くのリビアの石油の流れを妨げないように保護することであった。そしてまた彼らは、ベンガジの民衆が、あの年老いた、ドン・キホーテ的な暴君の軍隊による虐殺に遭《あ》うのを助けることを欲したのであった。その彼は、強力な隣国の暴君が市民によって打倒されるのを見て仰天していたのである。

西洋の強国は、エジプトの人々の平和的な抗議が、リビアにおいて、成功を保証する計画もリーダーシップも武器もなしに、武装革命にまで拡大することを予想しなかった。

国際連合は飛行禁止区域の命令を出すことに合意したが、それに続いて国連平和維持軍を、望むべくはアラブ諸国から、出兵させるべきであった。それを怠ったことによって、すべての関係者を現在の困難な状況に陥らせることになった。

現在、マイトレーヤと彼のグループによって集中されている強力なエネルギーの影響の下に、中東の人々は大いなる目覚めを体験しつつあり、そして今や彼らの生活を管理するための自由と参加を要求している。同様の参加と正義への要求は世界中に聞かれる。特に若い人々は、長老たちの古いドグマから解放されて、彼ら自身を発達させ表現することを可能にする新しい種類の世界への必要を感知しつつある。われわれが目撃しているのは、地球の若者たちが、憎悪や戦争、偏狭《へんきょう》や分離の専制政治から彼ら自身を解き放そうとするルネッサンス（復活）以外の何ものでもない。何ものも彼らの前進を長い間止めることはできない。これは新しい時であり、若者たちは新しい人生への闘争の中で彼ら自身をテストしつつある。

古い秩序は深く定着しており、克服するのは困難である。人生のすべての分野にある古い権力は、彼らのパワーと富を失うことをひどく嫌い、変化の潮に激しく抵抗するが、彼らは神（神性）自体のエネルギーと意志に逆らって戦うのであり、やがて道を譲らなければならない。この地球の強力な支配者たちすべてを合わせたよりもさらに強大な力（パワー）がその表現を要求しており、その顕現《けんげん》を阻《はば》むことのできるものは何もない。それは未来のあり方であり、世界の最初から計画されている。

その進展を阻むことのできるものは何もなく、若い人々はその先触れである。若い人々の声をよく聞きなさい、彼らの心（ハート）の中に未来が難なく抱かれている。マイトレーヤが、未来のあり方を、新しい時代のあり方を、平和と正義と分かち合いと自由と愛の時代について教えたときに、マイトレーヤの足下に座ったのはタハリール広場の若者たちであったのはいわれのないことではない。

二〇一一年四月十一日（二〇一一年五月号）

将来の道筋

ほんの数年のうちに、現在のストレスと辛苦の時期はかなり和らぐだろう。舞台の背後で、多くが変化しつつある。今日の葛藤や闘争をもたらしたフォース（エネルギー）の多くが弱まりつつあり、人間にとって全くより有益なフォース（エネルギー）に取って代わりつつある。非常に多くの異なったエネルギーと、そして方向の異なるそれらのエネルギーが現時点で同時に関わっているので、その変化がいつ始まるのかを正確に突き止めるのは難しいが、変化の最初のしるしが認められるまで約二年くらいのはずだ。それに続いて、そんなに短い期間で可能とは考えられないような変化の時期が訪れるだろう――中東の民衆によって非常に強く顕現されたような、自由と自分たちの運命に関与することへの要求がますます激増し世界中を一掃し、大小様々な国を次々に巻き込むだろう。かくして、民衆の声はますます強くなり、ますます雄弁になっていくだろう。ますます多くの男女が至るところで、彼らの必要をはっきりと理解し、生得の権利を要求する打ち負かされることのない自分たちの強さを理解し始めるだろう。

当然、国によっては、他よりも変化を達成するのが容易なことを発見するだろう。また国によっては、何世紀もの間、権力を振るい、富の要塞を築いてきたグループがその覇権《はけん》を放棄するのを非常に嫌がるだろう。しかし、変化へのフォースはあまりにもしつこく、抑止できないものになるので、彼らもまた方向を変え、国民の要求に合わせなければならなくなるだろう。

かくして、新しい社会が著しいスピードで発展するだろう。それはすべての国民の自主決定という聖なる権利と、自分たちの社会と未来に参与するという民主的な権利と、適切な生活水準と医療と教育を得る権利を包含するものである。何にもまして、人々は平和のうちに生きる権利を主張するだろう。

マイトレーヤは正義と自由への彼らの要求を支援されるだろう、そして彼らのすべての努力に磁力を与えるだろう。彼は（エジプトの）カイロで行ったように、すべてのグループとすべての宗教を尊重しながら、怨恨《えんこん》や競争なしに、平和のうちに自分たちの要求を主張するすべての人々と共におられるだろう。かくして、人々は将来の道筋を、あの未来を、分離分割なしに、すべてによって分かち合われる未来を保証する唯一の道筋を理解するようになるだろう。

二〇一一年五月八日（二〇一一年六月号）

和合への道

このユニークな時期についての歴史が書かれるとき、人々は、おそらく初めて、中東における最近の出来事がいかに重要で、中心的なことであったかを認識するだろう。驚くべき六カ月間に、チュニジアとエジプトの民衆の例に続いて、何世紀もの古い部族的な独裁政権の中に抑えつけられ、閉じ込められてきた多くの中東の国々の住民は立ち上がり、自由と民主主義、社会正義と仕事を得る権利を要求した。マスコミが「アラブの春」と呼ぶところのものは、多くの生命を犠牲にし、同胞や子供たちの自由のために喜んで死ぬこれらの勇敢な人々に多くの苦しみを与えた。彼らは殉教者と呼ばれており、確かにそうである。

今後、この同じ現象が世界中に顕現《けんげん》するだろう。すでに、多くの人々は同じように行動すべく結束しつつある。変化のための青写真が何百万もの人々の想像力を引き付け、間もなく世界の注目を集めるだろう。結束し、そして勇敢であるとき、彼らは無敵であることを、人々は理解した。この変化への運動を止めることのできるものは何もない。それは未来の、そして大計画の概念を包含《ほうがん》する。マイトレーヤはそれに声を与えたのであり、それが今や世界の民衆の声である。

古い体制はあらゆる方法でこの変化への動きの進行を止めようとする。しかし、いのちの原理に、あのいのちの特質をより良く表現するために絶えず変化し、絶えずその形態をつくりかえている原理に、いつまでも対抗することはできない。今日がそのようである。かくして、古い体制は萎《な》え、人々が新しい時代の原理――分かち合い、正義、正しい関係、愛、和合――をより良く表現し、顕現しようとするにつれて、新しい若枝が繁茂する。

まさしく人間は途上にある。もし人が和合という意味で（行動を）考えるならば、何ものも彼のさらなる進歩を止めることはできない。すべての人間が和合を求めるのだが、異なった道（通路）によって混乱させられる。自分の前に「和合」と「愛」の原理をいつも掲《かか》げなさい。さすれば道はおのずから開ける。

このように、マイトレーヤはカイロのタハリール広場で語られた。彼の教えを聞いた人々の中の最高の者たちが、彼らの兄弟姉妹を導き、道を、同胞愛と平和、正義と顕現される愛への単純な道を、彼らに示すだろう。

二〇一一年六月十一日（二〇一一年七、八月号）

和合へ向けた変化

人間がやがて彼らの現在の状況をつぶさに考察するとき、人類にとってすべてが良いものではないことを認めるに違いない。政治、経済、社会、環境は問題に満ちており、すべての国家の資源を極限にまで試す。現在、経済的に支配的なように見える国家でさえも問題を抱えており、彼らの富が暗に意味する気楽さを阻《はば》む。諸国家に、ある程度の均衡と福利を達成するのを阻ませるものは何か？ なぜ、古い、富める、経験豊かな国々でさえ突然、混乱と闘争におちいるのか？ なぜ、非常に多くに痛みや苦闘があるのか？ 何が、より大きな和合の感覚と表現を阻むのか？

これらの疑問に対する答えは多く、多様であるが、一つの包括的な要素は、それらの答えが求められているこの時代であり、地球の歴史における今のこの時である。

この時代は、世界の歴史の中で例のない時である。起こっている変化は途方もないものであり、人間の理解を超えるものであり、われわれが今知っている生活を全くそして永久に変えるだろう。

これらの変化はすべての界において、あるものはゆっくりと、地殻の構造の中にすら起こっている。またある変化はますます勢いをつけて起こっており、それに正しく反応するための人間の能力に戦いを挑む。

このような状況において、役に立たないものは、地位と権力のグラマーの中にどっぷりと浸かっている後ろ向きの政治家の陳腐なアイディアである。今日、リーダーたちの先を行くのは民衆であり、彼らの理解と必要を大きな声に出している。次から次へと続く諸国家において、民衆の声はより焦点が絞られて明確になっている。何千万の人々が今や教育があり、彼らの必要――平和、仕事、将来への希望――について確信を持つ。ますます大きくなる和合への感覚もまた彼らの期待と要求を告げ始めている。彼らは自分たちが世界の中で孤立していないことを、至るところに同じ問題と必要を抱える多くの兄弟姉妹たちがいることを知っている。

このようにして、マイトレーヤの臨在と教えに気づかなくても、彼らはマイトレーヤのエネルギーと影響に反応しつつあり、将来の枠組みを築きつつある。

二〇一一年八月十四日（二〇一一年九月号）

裂開《れっかい》の剣《つるぎ》を創造する

人間が示すことのできる最高の特質、あるいは最悪の特質を体現する人物が、時々、人類の中に現れる。そのような人物は最も人々に愛されるか、最も憎まれるようになる。いずれにしろ、彼らは通常、大勢の信奉者《しんぽうしゃ》や帰依者《きえしゃ》を自分たちに引き付ける。そのような人物は大多数の人間にとって、途方もない磁力的なアピールを持つか、時によっては、大規模の破壊的な力(パワー)を奨励する手本である。歴史の本は両方のタイプの例で満ちている。

今日、両方のタイプについてのたくさんの例が世界中に非常に多く顕現《けんげん》している。この顕現の影響は人類の前に二つの対立する行動路線を置いており、人類の将来を決定する選択につい て緊張をつくり出している。聖書の言葉を使えば、これは「裂開《れっかい》の剣《つるぎ》」である。長年の間、マイトレーヤから放出され、そして方向づけられてきたエネルギーは、そのような対立するものの対決を促《うなが》そうとしてきた。それは多くの人々にとって確かに不思議に思えるかもしれないが、人類がその将来のために正しい選択をすることは非常に重要である。そうでなければ、将来はまさに荒涼たるものであろう。

「裂開の剣」はわれわれが「愛」と呼ぶエネルギーである。マイトレーヤによって振るわれて、それは「兄弟を兄弟に対立させ」、至るところに住む人間のまことの神聖な意識を試す。すべての進化の究極的な目標は地上に「神の王国」を確立することであり、「裂開の剣」は人間にその道を示す。

マイトレーヤの教えは単純である。彼の優先事項はすべての人間にとって明らかであるように思えるだろう。残念ながら、そうではない。分かち合いとすべての人間のための正義（公正）の当然の結果として、平静で平和的な活動の将来をマイトレーヤは示されるのである。「誰も欠乏することのない世界を、二日と同じ日が繰り返されない世界を、すべての人間を通して同胞愛の歓《よろこ》びが顕現する」世界、いかにして、そのような希望のメッセージに反駁《はんばく》することが可能なのかと思うかもしれない。それがすべての人間によって切望されている将来ではないのか。それは大多数の人間によって望まれている将来である、しかしすべてによってではない。人類は進化の梯子のそれぞれ異なった段におり、ある一定の段より上にいる人間にとっては、すべてが良い前兆である。しかし、自分たちの神聖な真我についてその程度までいまだ顕現していない者たちが、分かち合いは神聖なことであり、正義と正しい関係は神聖なことであることを認めないのであり、神（神聖）を競争と葛藤として見て、人間の価値を自分の金の重さによって測るのである。

多くの人間が恐れ、苦しんでいる——仕事も将来への希望もなく、彼らは一日一日を苦闘する。しかし、その他の多くの者たちは自分たち自身のための将来をつくっており、そしてまた多くの者たちがその過程の中で死んでいる。世界中で、人々は、自由と正義をその中核においいたより良い生活の可能性に目覚めつつある。恐れるでない、民衆の声は高まっており、接触伝染のようにますます多くの人々に影響を及ぼしている。自由、正義、そして人間の和合という真理のために生きる——あるいは死ぬ——人々の背後にマイトレーヤは立っておられる。若者が道を先導する、そしてその将来は彼らのためにある。

二〇一一年九月八日（二〇一一年十月号）

マイトレーヤの約束

多くの人々が、現在の銀行制度や株式制度は必要であり、変えることはできないと信じ続けている一方、ますます多くの人々は、それらの有用性は過ぎ去っており、すぐに取り替えられなければならないという結論に達している。あまりにも大勢の人々が、止まることのない貪欲《どんよく》の影響の下で苦しんでおり、非常に言葉巧みに「現在の経済情勢」と呼ばれているところの中で生き延びるために、より大きな正義と公正さを切望している。二〇〇八年の経済崩壊以前は、少なくとも先進国世界においては十分にお金があった。人々は仕事や住む家を持ち、新しい百万長者が毎日のように生れていた。もちろん他の地域では、何千万の人々がまだ飢えており、さらに多くの人々はひもじい思いをしていた。しかし、ある者たちにとっては、お金はたくさんあり、人生は心地良かった。

それらのお金はどこへいってしまったのか。どうなってしまったのか。今や誰も仕事がなく、お金は消えてしまった――銀行の中へと消えてしまったのである。そして百万長者は今や億万長者である。全く訳が分からない。魔術のように人の信頼につけ込んだ詐欺が世界の半分を弄《もてあそ》んだような感じがする。

昔のようなやり方は、昔のような時代は、戻って来るだろうか。金持ちの富は日毎に倍増し、貧乏人は落ちこぼれた小銭を拾っているような時代が本当に戻ってきてほしいのか。

至るところにいる人々は変化を感じており、その呼びかけに彼らの声を添えている。また彼らは、行動することへの自分たちの力（パワー）を感じており、そして多くの者たちがそれを証明するために死ぬ。昔のようなやり方はほとんど終わっており、それらのフォース（エネルギー）は使い果たされたことを感じる。彼らは、他に、より良い生き方があることを感じており、明日を期待している。まさに古いやり方は廃《すた》れつつあり、人類種族を阻害している。車輪は回り、大ローマは再び崩壊しつつある。マイトレーヤの火は数え切れない何千万の人々の心（ハート）に灯され、彼らは反応し、正義と調和が支配する新しい世界を築くことを願っている。マイトレーヤの約束はこの新しい世界がやって来る途上にあるということである。

二〇一一年十月九日（二〇一一年十一月号）

新たな始まりの先触れ

多くの人々は今のこの時期を試練と緊張と動乱の時として記憶するだろう。しかし、より洞察力のある目で見るならば、それは新しい始まりのための再生と準備の時である。かくして、人間は現在の様々な変化から大いに希望を得てよいのである。過去はその日々を終え、人類を益することは急速にできなくなりつつある。若者たちはその長い間の支配にますます飽き飽きし、苛立ち、彼らの魂の倦怠と絶望感を癒すために麻薬や犯罪に走る。

他方、新たな始まりの先触れが、あらゆるところに住む人間の必要に心をとめる積極的な活動家たちの新しい世代を静かに鼓舞しており、彼らはすべての国に出現するだろう。知ってのとおり、すでに新しい制度を求める活動家のグループが多くの地において、公に、勇敢に活動し、新しい志向を示しており、それは何百万の人々の心（ハート）に生まれつつある——すべての者への敬意と、協力であり、古い、分離的な貪欲《どんよく》への終止である。

かようにして、彼らはマイトレーヤの単純な教えに自分たち自身を一新することによって、新しい時代の青写真を見いだしつつある。何百万の人々の心（マインド）の中に、平和と正義が中心的な場を占め始めている。分かち合いのみがこれらの大事な概念を実現することができるだろうということに気がつくとき、人間はこれまでの想像を超える社会の大変換に着手するだろう。段階的に、これらの変化は選択されて、一般的な利用に試《ため》されるだろう。今日の痛みと喪失感は、世界がついに正しい道の上にあるという新たな希望と満足感に取って代わり、かくしてそれらの試みは安全に始められる。

そのようにして、変化への恐れは消え去るだろう。人間が新しい方式の美を認識するにつれて、大いなる変容が順序よく進められるだろう。徐々に、過去の古い、分離的なやり方が過去の過ちとして見られ、新しい和合に役立たないものとして消え失せるだろう。

マイトレーヤのことばと模範が和合の感覚を速め、それが宝瓶宮（アクエリアス）のエネルギーをますます顕現させることになり、人々を今日はいまだ知られざる統合へと引き寄せるだろう。

現在、様々なセンターにおいて覚者たちは、社会的混乱を最小限に留めながら、これらの変化をもたらすために、彼らのグループを通して働いている。彼らの仕事は、革命よりもむしろ許容可能な速度の進化で変化を推し進めることである。これは容易《たやす》いことではない、なぜなら、人間は、特に若者は新しいものを性急に求め、年老いた者たちは変化に抵抗する。かくして現在の混乱があるのである。

多くがこの時を希望と歓びをもって待つ。さらに多くの者は絶望と恐怖の中に閉じ込められている。多くの者が戦争とひどい貧困から解放される未来の世界を切望している。さらに多くが疲れ果てて彼らの重荷が軽くなるのを待つ。

マイトレーヤは人々を彼らの運命《さだめ》に目覚めさせて、彼らを恐怖と疑いから解放するだろう。また彼は、人々を絶え間ない疎外感と不信感から解放するだろう。荒野の中での長い冬が、人間を将来のより簡素で、より幸せな時のために準備させたのである。

二〇一一年十一月十二日（二〇一一年十二月号）

偉大なる決断

人類は着実に、彼らの偉大なる決断に向けて前進する。ほんの少数の者以外には知られていないが、人間は、地球上での長い歴史の中で、かつてなかったほどに試《ため》されている。キリストであり、世界教師であるマトレーヤによって振るわれる「裂開《れっかい》の剣《つるぎ》」がその恩恵ある働きをし、人間を選《え》り分け、区別して、各人の異なった特質や性癖を強調する。

このようにして、人間の前にある選択はよりはっきりと明らかになる。マイトレーヤの愛のエネルギーは非個人的であり、平和と正しい関係を願う者たち、そして貪欲《どんよく》と競争を好む者たち、すべてを刺激し、したがって最後の戦いと完全な自己破壊の危険を伴う。ゆえに、今、すべての人間に突き付けられた選択は非常に重要である。

多くの人々は、そのような選択が必要なのかと不思議に思うかもしれない。恐ろしい戦いを求める者は誰もいないに違いないと思う。今日、小さな地域戦争が核戦争レベルの大きな戦争に発展し得るのである。その結果は考えるだけでも恐ろしい。しかるに、今、現在においてでさえ、そのようなことが結果として起こったらどうやって生き延びるかを計画している者たちがいるのである。

人間にとっての選択ははっきりしている――現在の貪欲《どんよく》なコースを無謀に続けて、地球上の生《いの》命《ち》を永久に破壊するか、あるいは情け深い心（ハート）の促《うなが》しに従い、地球上の人間の平和な将来への唯一の保証としての分かち合いを実践するか、である。

アラブの春の出来事は、若い人々がマイトレーヤの呼びかけに反応している徴である。彼らの先輩たち（年寄たち）より先に、彼らは新しいアクエリアス（宝瓶宮《ほうへいきゅう》）のエネルギーとそれらがもたらす新しい生活の約束に目覚めたのである。彼らは恐怖心をすべて失くし、新しく見いだされた自由と尊厳のために、喜んで自分たち自身を犠牲にする。新たなる栄光が若者たちの間に育ちつつある。

世界中で、様々なグループ集団が革命を意図し、計画する。今、多くの国々において、この目的のために武器が蓄積されている。マイトレーヤが提唱されるのは、革命（レボリューション）ではなく、進化（エボリューション）である。革命は対決と大量殺戮《さつりく》をもたらし、一種類の問題を他の種類の問題に置き換えるだけであることを、マイトレーヤはよくご存じである。必要なのは、すべての人間に対して、彼らが自分たち自身の運命に関わっているという体験を可能にすることのできる、段階的な変化のプロセスである。

分かち合いがそのようなプロセスを保証する唯一の手段である。分かち合いのみが、単にプロセスを始めるためだけでさえ欠くことのできない信頼を生み出させるのである。

マイトレーヤは言われた、「分かち合いへの最初のステップはあなたの神性への最初のステップである」と。であるから、分かち合いを受け入れなさい、そしてあなたの生得の権利を享受しなさい。

二〇一二年一月十五日（二〇一二年一、二月号）

来《きた》るべき変容

人類は現在の様々な問題と悲嘆の深みから、希望を見いだすだろう。現在起こっていることの非常に多くが人類種族にとって肯定的で幸先の良いものなので、人類の様々な問題は、一度にではないが、徐々に、少しずつ、早めに減少していくことを確信できる。また、人類は、徐々に、彼らの現在の苦悩の本当の理由を知るだろう。人類はひとつであり、長い間の交流と共通の祖先によって一体化し、同族関係にあることを、そしてまたその共通の神性によって関係していることを、理解するようになるだろう。もはや人間は隣人を恐れ、戦う必要はなく、豊かな中で何千万の人々が飢える必要もない。かようにして、新しい時代が、正義と分かち合いが現在の混乱と無責任をコントロールする時代、人間がお互いを尊重し、面倒見合う時代、人間の神性が顕現し、いのちの神秘が知られる時代が、生まれることができる。健全な人間の目標として、充足感が裕福さを求める感覚に取って代わるだろう。

かようにして、人間はお互い同士と、そしてすべてのものの本源との正しい関係に入るだろう。マイトレーヤと彼のグループ（覚者たち）のインスピレーション（鼓舞）と導きの下に、人間は彼らの神性を開花させ、それを彼らが行うすべての中に顕現させるだろう。戦争や恐怖の忌まわしさは急速に彼らの記憶から消え失せ、膨大な創造的若枝がそれに取って代わるだろう。

人々は彼らの街を再生し、美化して、新しい時代に相応《ふさわ》しいものにするだろう。それらの街の数はより多く、規模はより小さくつくられ、速く、音のしない交通機関によって互いに連結されるだろう。人々は子供たちを多くの異なった方法で教育し、それぞれの子供は彼らの光線構造によって定められる教育システムに連結《リンク》されるだろう。やがて、覚者たちと人類種族との間の交流はますます密接になっていくだろう。そして、子供たちはますます拡大する認識のうちに、楽しく、論理的に、次から次の段階へと動いていくだろう。これらのすべての方法において、この変容の中で、各人がそれぞれ自分の役割を果たすだろう。

やがて、一連の徴《しるし》が現れて、それらを体験する人々を不思議がらせるだろう。この現象を説明できる者は誰もいないだろう。しかし、それは人間の考え方と理解の変化を予報するものだろう。その時以後、ある期待感がほとんどの国をとらえ、それは人間を来《きた》るべき途方もない出来事のために準備させるだろう。知ってのとおり、すべての人間が人類の前方に横たわる新しい時代をまじめに受け入れるわけではない。これらの出来事（徴）がより多くの人々をこの啓示のために用意させるだろう。

二〇一二年二月十二日（二〇一二年三月号）

若者が舵を取る

今年、二〇一一年は、非常に重要な年である。アラブの夜明けの勢い、そしてそれが世界中に及ぼした影響を失わせないことは、絶対に大切である。今や力強く、自信に満ちた民衆の声は、世界中に響かせ続けなければならない。それは、信頼を生み、すべてのためにより安全な世界をつくるための唯一の方法として、分かち合いと正義を主張する声である。人間の困難に対する治療法は非常に簡単であり、容易に達成できるのだが、多くの人々にはそれを理解するのが非常に難しい。他のあらゆる方法は試みられてきたが失敗に終わり、必然的に戦争に行きついたことを、人は認識しなければならない。

今日、もう一度大きな戦争が起これば、それは核戦争であり、地球上のすべての生命を完全に破壊することは確実である。また今日、そのような全滅戦争を生き延びる計画をすでに立てている勢力がある――しかしそれはすべて全く役に立たない。では、人類に何ができるか、何をすべきなのか。

おおまかに言って、今日の政体は年寄りの組織であり、彼らが若かったときの方法、過去のやり方以外の、他の働き方、統治の仕方を知らないのである。彼らの方法がなぜ最早《もはや》うまくいかないのかについて、何の感覚もない。彼らは、今日世界に充満している新しいエネルギーと刺激について何も知らず、様々の出来事をコントロールすることができないことに困惑し、本性を現す。

今日、大体において、民衆の声は、若者の声である。諸々の政府、そして彼らのコントロールの下にあるマスコミは、若い人々の声と志向を主として無視するか、あるいはけなす。しかるに、答えを持つのは若者である。彼らは、人類がひとつであることを理解し、公平さを、正義と分かち合いを、戦争の終止を呼びかける。そのような若い人々の声を決して黙らせることはできないし、長い間無視することはできないだろう。老いも若きも、民衆の声はマネー（金）の男たちの訴えるような声をかき消して、人類を「新しい夜明け」に導くだろう。そのようになるだろう。

二〇一二年三月一日（二〇一二年四月号）

水をワインへ

いつものことながら、ヨーロッパの人々はなかなかつかみ得ない統合を探し求めている。この度は、問題は主に経済である。この極めて困難な経済危機の中で、「共同市場」は継ぎ目がほころびつつあり、その不安定な統合を失いつつある。

米国は、選挙の年であり、貿易の好転を求め、そして海外での責任を軽くすることを切望しながら、慎重に歩む。であるから、イスラエルは大胆にイランに圧力をかける仕事を乗っ取ろうとしている。とかくするうちに、中国はにわか景気に沸き、富を増大しており、他方、隣国のロシアは一九三〇年代の米国をまねる。かくして、古い体制の頑固《がんこ》な保守主義者は新しい、より公正なアクエリアス（宝瓶宮）のエネルギーの大渦巻の中で、水漏れする船を浮かばせておくのに苦闘する。認知しようがしまいが、統合の時代がわれわれの上にあり、日あらたまるごとに、その印を世界に鮮明に印象づける。

若い人々、および心（ハート）の若い人々のみが、この変化の規模に気づいているようである。彼らのみが、正義と愛は決して痛みなしに退《しりぞ》けられることはないことを知っている。であるから、今日、若い人々は地球の歌の新しい調べを認知し、そして、彼らに開かれているあらゆる手段によって、それを聞こえさせようとする。世界中の膨大な数の人々がこの新しいテーマに応え始めており、変化への彼らの願望を実施する確かな方法を探している。

多くの者が人生の本質的な要素を把握し、勇敢に、それらの真理を証言する——分かち合い、正義、愛は、すべての人間が神であるという理解に基づく文明の欠くことのできない要素であることを彼らは理解する。このようにして、世界はゆっくりと、人生の意味についての全く新しい概念のために整えられている。

マイトレーヤと彼のグループは、幸せと神性につながる古《いにしえ》からの方法を、たゆみなく教えつづける。なぜなら幸せと神性は一体なのであるから。人間がこの単純な法を本当に理解するとき、彼らは喜んで過去のパターンを放棄するだろう——すなわち、非常に多くの者の貪欲《どんよく》と、貧乏人に対する金持ちの軽蔑、権力と戦争への強い欲望を支える邪悪な分離感の放棄である。

彼らは長い間、彼らの想像力を縛りつけてきたこの垢《あか》を捨て去るだろう。彼らは覚者たちの助言を熱心に傾聴し、彼ら自身で、水をワインに変えるだろう。

二〇一二年四月十五日（二〇一二年五月号）

協力の道

人間が協力の恩恵に気づくとき、それを最も快適で賢明なやり方として自然に採用するだろう。絶え間ない競争の辛苦と緊張は永久に消え去るだろう。競争の重圧は仕事から喜びを搾取り、毎日を生存のための苦闘にする。もちろん、競争的な苦闘にあこがれ、自分のもろいエゴ（自我）を他の者たちと戦わせることで人生を生きがいあるものとするための刺激を競争の中に見いだす人々はたくさんいる。彼らは自分を自分自身に印象付けるために競争を必要とする。しかしながら、非常に間もなく、人々はますます宝瓶宮《ほうへいきゅう》（アクエリアス）のエネルギーの恩恵に反応し、競争の分離的特質を理解し、喜んで協力の習慣を身に付けるだろう。このようにして、人間が彼らの奉仕を待つ再建の多くの仕事に対等な仲間として共に働くにつれて、世界は途方もない恩恵を勝ち取るだろう。かくして、世界は喜んで働く人々の手によって変容させられるだろう。かくして、新しい世界はつくり上げられるだろう。

宝瓶宮（アクエリアス）とは和合のもう一つの言葉であり、その協力という贈り物を通して、和合が徐々に顕現《けんげん》するようになるだろう。和合は新しい時代の顕著な特徴となるだろう。

数え切れない何千年もの間、競争が支配してきた。競争の習慣が人類種族の前進への努力を強化したことによる達成は多い。しかし、それらは重要ではあるが、協力によって達成できたであろう可能性に比べると、その比ではない。文明が人間の進歩を記《しる》してきたが、最高のインスピレーションは協力的な努力から生み出され、人間を前進へと招いてきたのである。今日、人類は岐路《きろ》に立っている。人間の絶え間ない好奇心と競争の精神が、人類種族を歴史上で最も危険な時点にもたらしたのである。最も物質的な形で究極的な力（パワー）を求める欲望はわれわれに原子爆弾をもたらし、何千万の人々にみじめな人生をもたらした。かくして、人は破壊的な敵対と戦争に終止符を打ち、喜んで新しい道に入らなければならない、もしくは自滅に直面するかである。これが今、人類種族が直面する選択である。一人ひとりが熟慮の上で、自分の意志を表明しなければならない。

二〇一二年五月九日（二〇一二年六月号）

先駆者たち

今日、人類の中に、新しい文明を築く上での原則について、その輪郭を提供している男女がおり、その数は増大している。彼らはすべての国に見いだされ、新しいアクエリアス（宝瓶宮）の時代の特質を反映する教えを普及させている。彼らは人間生活のすべての分野に見いだされ、彼らの愛他的精神と人間の必要への鋭敏な反応によって認知される。彼らは先駆者であり、人類を、新しい時代を特徴づける体験に準備するために、先に送られたのである。彼らのうちの少数の者は、苦闘する世界を助けるための自分たちの使命とハイアラキーとのつながりを認識しているが、しかし大多数の者は彼らの心（ハート）の激励と助けたいという願望からのみ働く。

彼らのアイディアは世界中にこだまし、準備の整った大きな一団が、人類の変化への要求とその変化が必然的にもたらす社会に対する含意を、声高に伝えながら働いていることが、間もなく多くの人々に明らかになるだろう。これらの変化は今日の人類の問題の中核、つまり世界の安全を脅かす人間と国々の分離、に突き入る。これらの変化なしに、人間は破局の刃の上に立つ。人間生活のすべての様相に、拘束されることなく突き進む商業至上主義が人類種族を危うくする。

生存のための奮闘の中で、人間はますます不必要な存在として見られ、〝ドル（金）の追跡〟の巨大なゲームの単なるコマ（将棋の歩のようなもの）にすぎない。どんな犠牲の上にでも勝ち取ろうとする強欲な闘争のなかに、人間の信頼や社会の結合はどこにも見られない。人類はこの闘争の重圧にもう長く耐えることはできない。その中で、人々は、愛か、狂気の貪欲《どんよく》か、どちらかの立場を決める。

舞台の背後で、マイトレーヤと彼のグループはこの葛藤の炎を煽《あお》り、徐々に、ますます多くの人々が自分の取る道を見始めている。彼らはますます意志を固めて、変化への必要を大きく声に出し、その道を先導するビジョンを持つ男女の指針に従う。

かくして、マイトレーヤはすべての者の利益のために働き、人間が提供することのできる最善のものを助長し、人間が達成することのできる最高を示してくださる。ハイアラキーは人類の将来のためのこの重大な苦闘を、その結果に、すなわち貪欲と絶望感の両方の克服と人間の精神の勝利に確信をもって、慈悲深く見守る。

二〇一二年六月六日（二〇一二年七、八月号）

「和合」についてのさらなる考察

幾つかの例外を除いて、世界のほとんどの国は和合を捜し求めている。彼らの行動はこの説を必ずしも裏書きしないかもしれないが、しかし少なくとも内的には、彼らの意図の一般的な方向は、友好国や同盟国と共に、和合の表現を達成することである。

しかしながら、幾つかの国は、自分たちの個々の目標のほうが、総体的な世界の和合、すなわち世界平和の保証よりも重要である。これらの姿勢は、突然に、あるいは時を経て、変わり得るし、時には変わるが、しかし現時点において、次の国々について論じることができる。

イスラエル（国家の魂は3光線、パーソナリティーは6光線）は、テロ行為によって、パレスチナの人々の土地を強奪しておきながら、今は、世界平和を含めて他のすべての問題を度外視して、国の安全を守ることに躍起になっている。イスラエルは、安全保障理事会でのアメリカの拒否権によって庇護《ひご》されて国連の決議を無視して、中東において抑制されることなしに横暴に振る舞っている。アメリカのおかげで、イスラエルは核爆弾を所有し、イランに対して、もし必要ならばそれを使用すると脅す。イスラエルの国民は古いが、国家は若く、大胆であり、無謀になりがちである。

アメリカ合衆国（魂2光線、パーソナリティー6光線）は、魂のレベルからは、世界の和合と平和に深い、真摯《しんし》な願望を持つ。しかし、アメリカはあまりにも若い国であり、大きく、強力であり、グラマーに満ちたパーソナリティーのコントロールの下にある。彼らの理想は和合と平和であり、それを世界に表示していると想像している。すべての国が、経済、政治、宗教においてアメリカの先導に見習うとき、必然的に平和はその結果として起こると信じるのである。その姿勢で、アメリカは世界を支配しようとして、平和の名の下に繰り返し戦争をしてきた（朝鮮、ベトナム、イラク、アフガニスタン）。アメリカがこのグラマーを克服して、第2光線の魂の影響が世界の諸事に顕《あらわ》されることを、世界は待っている。

これが起こるとき（おそらくキリストによる大宣言の前ではないだろうが）、アメリカの魂の和合への生来の願望が行動へと活気づけられるだろう。そして総体への奉仕というアイディアが現在の支配への欲求に取って代わるだろう。世界の壮大な再建設が、数え切れない多くの個人によって始められるだろう。奉仕への欲求が、今のアメリカのあらゆることにおける優越感に取って代わるだろう。そして本当の平和の時代が訪れるだろう。

イランは古く、ずば抜けた才能を持つ国民であるが、現在は、健全で世俗的な統治への願望と、極端で、狂信的なイスラム形態の統治の間で引き裂かれている。イランは、その科学者たちが核のテクノロジーを習得する過程にあるので、アメリカにひどく嫌われ、不信感を持たれている。核兵器を開発することは決してイランの意図ではなかったのだが、日常的にアメリカとイスラエルに脅かされるのを感じており、今や、不本意ながら、他に選択肢が見えない。イランの光線構造は魂が2光線、パーソナリティーが4光線である。その国民は成熟しており、教養があり、平和的であり、その才能の多くを、特にインドに与えてきた。

北朝鮮（魂6光線、パーソナリティー4光線）はこれらの国々の中で最も若く、もともとの朝鮮の分割から成立した国である。彼らはその勇敢さを世界に証明することに夢中になっているので、その意図もまた予測するのが最も難しい。残念なことに、彼らはいくらか核の開発能力を達成したので、諸国家の間で、危なっかしい大砲のように見られている。よく知られているように、この国は、その統治者によって導かれるのではなく、むしろ支配されており、国際連合は全体で、注意深く監視しなければならない。その国民は認知と食料に飢えている。諸国家は、物惜しみせずに、その両方を北朝鮮に分け与えるべきである。

平均的な傍観者の見地からは、この評価には恐れと不安を抱かせるものがたくさんあるように見えるかもしれない。しかしながら、覚者たちには、国々の間に、新しい本当の和合を保証するところの正義を願い、すべてが欲する平和を願って、変化しようとする用意のある世界が見えるのである。

二〇一二年八月十二日（二〇一二年九月号）

われわれの惑星を救え（S.O.P.——Save Our Planet!）

世界にある現在の状況を熟視するとき、特に重要なこととして二つの問題が目につく——戦争の危険と地球の生態系の不均衡の加速である。もちろん、他にも多くの問題がある——多くの国々、特に西洋諸国に影響する経済的大災害、食糧の価格、特に何千万の人々の主要食品の価格の高騰、富裕層と貧困層の間の生活水準の巨大な、そしてますます増大する格差。

これらの問題はすべて重要であり、早期の解決を必要とする。最初に挙げた二つの問題はすべての分別ある人間と政府の注目を強要しなければならない、なぜならそれらは人間の福利に対する最大の脅威を提供するから。戦争は、大きかろうが小さかろうが、今や考えられないことであるべきなのだが、そうではないのだ。最も恐ろしい戦争の愚かさと無益さを経験してきた世界でさえ、まだあの忌まわしいものを完全に放棄していない。諸政府は、あの古いやり方で、結局、彼らの切望する褒美を取り戻せるだろうという考えに誘惑される。ゆえに、戦争の武器は必要不可欠であり、主要な取引きの資産である。武器が存在するかぎり、それは使用されるだろう。小さな戦争は、より多くの国々が巻き込まれるにつれて、大きな戦争を生む。大国は同盟国を通して代理によって戦い、重要でもない論争を戦争に引き延ばす。この大きな危険はすべての国によって放棄されなければならない。それは地球上における人間の生存そのものを脅かす。

戦争とは別に、汚染ほどすべての人間の未来に非常に深遠な影響を与えるものはない。ある国々はこの事実を認めて、汚染と地球温暖化を制限するステップをいくらか取っている。他の国々は、ときには汚染の主要国が、地球温暖化の現実を、圧倒的な証拠があるにもかかわらず、否定する。今や、日ごとの気候の変動は、惑星が病んでおり、その均衡を取り戻すために即刻、熟練した看護が必要であることを、疑いの余地なく証明している。この惑星地球が毎日被っている変質を停止させるために残された時間は切れつつある。すべての男女が、子供が、この仕事に彼らの役割を果たさなければならない。まさに時間はない。S.O.P.(＊)われわれの惑星を救え！

二〇一二年九月八日（二〇一二年十月号）

（＊）＝S.O.P.とは 英語のSave Our Planet（われわれの惑星を救え）の頭文字であり、これはやがて、われわれの惑星を救済するための行動をすべての人間に呼びかける国際的な合言葉になるだろうということを明記しておきたい〔編註〕

パイシス（双魚宮）からアクエリアス（宝瓶宮）へ

この現在の時代の中に保存されなければならないものがたくさんある。なぜなら、われわれは、今歴史の中に急速に消えつつある「パイシス（双魚宮《そうぎょきゅう》）の時代」が残してくれた多くの価値と遺産を忘れてはならないからである。もちろん、「個人性」という偉大なる特質がパイシス（双魚宮）の栄光として挙げられるが、過去二千年のパイシス（双魚宮）の体験に帰するその他の贈り物がある。

新しい、より確固とした理想主義は何千万の人々の心（ハートとマインド）を豊かにし、かくして世界の偉大な宗教の誕生と広まりを生じさせ、それと共に、基本的に滋養のある、文明的な思考をもたらした。知ろうとする欲求、旅し、交易する欲求がそれまでになく盛んになり、文字通り新しい世界が人間の驚嘆した目に現れたのである。不可避的に、初期の交易は貪欲《どんよく》な搾取と併合に発展し、帝国が生まれ、そして富と力が増大した。英雄的な征服者たちは、しばしば、自分たちが文明化させ啓発する使命を持ち、〝野蛮人〟を〝救う〟必要があり、金《きん》や香辛料の交易が、故郷から遠く離れての彼らの存在の真の理由ではないと――間違って、しかしときには正しく――感じたのである。多くの場合、まさにそうであった。知りたいという衝動とその知識を応用したいという衝動は、レオナルド・ダ・ヴィンチの作品に明らかである。彼の科学的探究が近代の医学の向上と、航空と宇宙の探究へさえもつながったのである。これらすべてが、そしてさらに多くがパイシス（双魚宮）の体験から生じたのである。

もし個人性がパイシス（双魚宮）の最大の贈り物であるならば、今日われわれが「アクエリアス（宝瓶宮《ほうへいきゅう》）の時代」に入っていくにつれて、その同じ個人性の誤用が人間の最大の危険と脅威になった。世界中で、強力な個人や政府や機関が何千万の人間を虜《とりこ》にしている。そのような状況の中で、人間は抵当物になり、気まぐれな市場の人質にされた。あらゆる種類の機関――政府、銀行、企業――が彼らの労働者たちの輝かしい個人性を受動的な服従に引き下ろした。金持ちが自分たちの不浄な富の蓄えにさらに富を加えるかたわら、他では、人々は沈黙したまま飢え、そして死んでいくか、あるいはわずかな日当のために奴隷のように働く。

このような分離的な生活規範が人間を破滅の瀬戸際に追いやっており、歴史に残る選択を彼らに提示する――そのまま続けて、この地球という惑星での人間の逗留を永久に終わらせるか、あるいは完全に方向転換するか、どちらかである。人々がその危険を知ったという徴がすでにあり、世界中で、人々は新しい夜明けに目覚めつつある。アクエリアス（宝瓶宮）の輝かしい光が彼らの心（ハート）に入りつつあり、正義と自由を求める叫びは容易に彼らの唇に持ち上がる。分かち合いを通して、この同じ正義が人間を暗闇の中から抜け出させて、彼らの運命づけられた目標へと前進させるだろう。そのようになるだろう。

二〇一二年十月十三日（二〇一二年十一月号）

グループワークについての考察

ある問題や状況について、後々、自分の落ち度となり得る結論に達する前に、行動を取る前に、すべての側面を調べる者は賢い者である。愚かな者はそうではない。これに関して、すぐに思いつくタイプの人間は、熱しやすく、そして残念ながら、否定し、拒絶するのも早い。彼らは忍耐と思考の一貫性に欠ける。彼らは相当な自己愛のうちに自分自身を置く傾向があり、そのために、他の人々を厳しく批判する。彼らは通常自分の行動や決定のグラマーに全く気づかない。

そのような人間は本質的にグループにとって役に立たないわけではない。実際、もし状況が順調ならば、彼らは多くの面において役に立つワーカーである。しかしながら、状況が彼らの期待に反する方向に行くとき、彼らは非常に破壊的になり得、対処し難い。世界中のグループの中にそのような人間はたくさんおり、全体の貴重な和合を脅かす。

活動しているグループにある共通の問題は、グループの仕事をほとんどせずに、それゆえに、絶え間ない批判でグループを困らせる者である。彼らは、他の者たちがもっと仕事をし、より役に立つ仕事をするのを妬み、怒りを覚えるが、しかし同じように仕事をするために自分の時間を犠牲にする用意はないのである。彼らの絶えざる批判の流れが、グループの和合と福利に深く破壊的であることを、彼らは滅多に認識しない。

他方、時間とエネルギーを費やすことを約束しながら、結局、非常にしばしば、約束したことを果たせない者たちがいる。本当のグループワークの厳しい水におずおずとつまさきを浸すような、気の入《はい》らない、半端な関わり方をする如才のない者は多い。本当のグループワークは、理想的には、魂から来るのである。魂が関わるところでは、仕事は、いかに骨の折れるものであろうと、喜んで歓迎され、重荷や犠牲ではなく、熱心に提供される単なる奉仕の行為である。

二〇一二年十一月五日（二〇一二年十二月号）

和合の重要性

人間がこの時代を振り返って見るとき、われわれの存在のすべての面を、達成と過失の両方を同時に顕《あらわ》した時期として見るだろう。これはもちろん驚くべきことではない、なぜなら至るところにいる人間は進化の梯子《はしご》の様々な段階にあり、これらの自然な分割（それは時間自体が減少させるだろうが）を受け入れたとしても、まだ、すべての者の必要についての理解と対処の仕方に和合を欠いている。

なぜそうなのか。長い間、次々に現れた宗教の教えや卓越した強力な個人の教えが進化していく人類の中に、一定の思考の統一を維持してきた。もちろん、多くの戦争や不和の時期はあったが、あるレベルにおいて偉大なる宗教の和合させる影響力が維持されていた。今日、個人性があまりにも強力で、あまりにも貴重とされ、それが報われているので、多様な達成にもかかわらず、この貴重な個人性が人間の最大の危険となった。

本当の意味での和合は、宗教の分野においてさえも、いや、おそらく特に宗教において、ほとんど消滅した。そこに危険が横たわるのである。

しかしながら、正義と自由という啓発されたフォース（エネルギー）が何千万の人々を彼らの生得の権利に目覚めさせつつある。少しずつ、人間の心（マインド）がすべての者の必要に向けられつつある。これは、当然、個人性への熱烈な呼びかけに対抗する。かくして、現在の途方もない緊張と混乱の世界状況がある。政治的、経済的問題は、基本的に霊的な性質のものであるが、政治、経済の分野においてのみ解決することができる。和合が追求され、顕現《けんげん》されなければならない。さもなければ、現在の世界の状況によって強要される緊張が人間を最も危険な行動に追いやるだろう。この理由のために、マイトレーヤは和合を、すべての者の必要についての理解を呼びかける。

「平和」は欠くことのできないものであるが、「正義」が支配するところにのみ達成され得る。正義はその達成のために「信頼」という平穏な湖水を必要とすることが分かるだろう。「分かち合い」のみが、われわれの病に対するマイトレーヤの治療法である。「分かち合い」のみが、「正義」が達成され、「平和」が保証されるテーブルに、人間を、信頼のうちに、誘うだろう。

二〇一三年一月十二日（二〇一三年一、二月号）

人類の歴史的選択

人間が歴史的選択をするときは到来した。間もなく人類は極めて重大な決断を、すべての男、女、子供の未来を、まさに地球上の生きものすべての未来を決める決断をしなければならないことに気づくであろう――惑星地球において途切れることなく、限りなく発展する創造性か、あるいは、われわれの住処《すみか》であるこの惑星上の人間および人間以下のすべての生命の恐ろしい滅亡かの選択である。

残念ながら、人間は原子の核に隠された恐ろしいパワー（力）の秘密を発見して、それを戦争のために利用してきた。人類は競争や貪欲《どんよく》、権力への渇望によって非常に分離しており、偶然か故意による絶滅の危険は絶えず存在する。であるから、人はより安全に生きるための道を探さなければならない。今日、人類および諸国家の個性はあまりにも強力であり、人生の奮闘の中であまりにも分離しており、彼らは道を見失ってしまった。人は生き延びるために速やかにそれを見いださなければならない。

かくして、偉大なる者たち、あなた方の兄たちは平和への唯一の道を示そうとしてきた。分かち合いと正義のみが平和をもたらすだろう、とわれわれは言う。すべての人間が、心（ハート）の中で、平和を願う。われわれの勧告は本当に単純である、しかしこれまで、人類にとってそれを把握することは困難であった。人間は神聖なる自由意志を持ち、彼らの運命の支配者である。分かち合いと正義の道を取りなさいと、われわれは勧告する。それは「同胞団」の衣《ころも》であり、それなしには、人は十分な人間とは言えない。

二〇一三年二月八日（二〇一三年三月号）

覚者の役割

多くの年月、わたしたち覚者は「出現の時」のために自分たちを準備してきた――今や間近に迫ったその時とは、わたしたちがグループ構成で（人間の）日常世界に公に住む時である。それは、ある覚者たちにとっては全く新しい経験であろう。多くの者は、覚者として、ハイアラキー内で時を過ごしてきたのであり、今、全く新しいやり方で働くことを学ばねばならない。テレパシー（思念伝達）がわたしたちが長い間使用してきた様式であるから、言葉の使用すら学び、練習しなければならない。

初めのうちは、かなり長い期間、わたしたちの接触は、様々な分野で働く古参の弟子たちと実務的な行政（管理）の分野に、特に食糧の分配に関与している訓練された弟子たちに限定されなければならないだろう。多くの覚者たちは行政（管理）の専門家であり、また他の覚者たちは好んで教育に携わるだろう。目標は、すべての分野においてできるだけ近くで働き、できるだけ早く一般大衆と共に働くことである。強調したいのは、覚者たちの目標は、必要に応じて人類を刺激し、導くことであるが、しかし人間の本質的な自由意志を保護しなければならない。

徐々に、予備レベルと高等レベルの様々なミステリースクール（秘教学校）の場所が知られ、何千人もの励もうとする弟子たちがそれらに引き付けられるだろう。そこで、彼らは最初の二段階のイニシエーションのための訓練を受けて、「ハイアラキーの聖域」に入るだろう。

初めは、覚者たちの臨在と理念に対していくらかの抵抗を予想しなければならないが、やがて、あらゆる宗教や信条の頑強な原理主義者でさえも人類の「兄たち」の無害さに欠点を見つけるのは難しいことを知るだろう。

やがて時を経て、世界の都市や町は美化され、変容させられるだろう。新しい「光の科学」が産業と旅行様式を変容させ、人々の移動が世界に「和合」をもたらすだろう。すべての国の国民はすべての者への奉仕に共に働き、協力するだろう。覚者たちの助言が手近にあり、人類を優しい手で賢明に導くだろう。

人間の間にわずか数人の覚者たちが臨在するだけで、世界の必要に仕えることを切望する何千何万人もの人々に電撃的な影響をもたらすだろう。そして、奉仕についての理念が大勢の人々の新しい人生目標になるだろう。このようにして、比較的非常に短期間で、とてつもない変容を達成できることが知られるだろう。貧困な人々への大量の援助プログラムが、例えばアフリカや南アメリカの諸国に奇跡を成し遂げるだろう。過去の過ちを直すために急ぐ必要があるという全く新しい感覚が、今日では未知の猛烈な助けを保証するだろう。マイトレーヤと彼のグループによって鼓舞されて、何百万もの男女がこのようにして彼らの天職を見つけるだろう。

わたしたち覚者は、人間に道を示し彼らを害から守るために、教えそして導くことのみを目指す。あらゆる形態の戦争は過去のものにならなければならない。しかし、そうするための決断は人間のみがなさねばならない。繰り返し言うが、わたしたちの仕事は道を示し、大計画の輪郭を描くことであり、人間のみがその道の一歩一歩に取り組まねばならない。恐れることはない。すべてが達成されるだろう。人間にとって将来の生活は非常に明るい。

二〇一三年三月九日（二〇一三年四月号）

若い人々の抱負

現在の混乱した経済状況とその結果として生ずる社会状況はもうあまり長く続かないだろうというわたしたち（覚者たち）の判断は、聡明な読者たちにとって驚きではないだろう。わたしたちは、突然の変容も、あるいは、あいまいな〝現状維持〟に戻ることも期待しない。世界の何千万の人々は自由の香りを感知し始め、その恩恵が彼らに拒否され続けるのもわずかな期間であろうと感じ始めた。

世界中で、特に若い人々の間に、変化を求める強い願望が表現されつつある。若い人々は新しい種類の世界を、彼らを、そして彼らの抱負を包含《ほうがん》する新しい構造を欲する。これらの抱負は正義と分かち合いへの、そして意味ある仕事と適度に満ち足りた平和な世界で家族を養育する機会を求めるものである。あまりにも長い間、彼らは貧困と無名の中で衰え、彼らの人生の努力の中での発言権を拒否されてきた。

今後は、世界の諸政府はこれまで無言の大衆であった人々のこれらの抱負を真剣に考慮しなければならないだろう。そして、それに応じて、政府の計画を変えなければならないだろう。平等を求める叫びが変化を強要するにつれて、〝富裕な地主〟は彼らの生活様式と平均的な〝小百姓〟のそれとの間のひどいギャップを維持することは困難なことを発見するだろう。財力における現在の分離が世界金融の不安定の中心にあることが理解されるだろう。

古い仕組みは崩壊しつつあり、いかなる政府もこの過程を止めることはできない。宝瓶宮（アクエリアス）の新しいエネルギーはますます強くなり、古い腐敗した退廃的な秩序をばらばらに壊している。若い人々、および心（ハート）の若い人々が、正義を求める新しい熱望の出現を最初に銘記するだろう。正しい関係を求める願いが若い人々の心（ハート）に強く湧き上がる。

とかくするうちに、マイトレーヤは諸国家の間で彼の行幸を続けておられ、正義と分かち合いと愛の必要性を自由に語っておられる。今日の状況の緊張感が世界中にその影響を及ぼすにつれて、これらのアイディアは多くの人々を引き付けている。アメリカ合衆国とメキシコ、ブラジル、そして今はロシアで、マイトレーヤは彼の聴衆の前に、人類に突きつけられている選択肢を提供しておられる——現在の無分別で貪欲《どんよく》な行路を続けて忘却の彼方に消え去るか、あるいは、世界をひとつとして、完成への旅路を共に歩む兄弟姉妹として見るか＝分かち合いと正義のみがわれわれすべてが望む平和と、「大計画」に沿って繁栄する世界をもたらすということを知り、そして、われわれがかつて知り、育んでいたあの「真理」と「美」に戻る路を見つけるかである。

二〇一三年四月八日（二〇一三年五月号）

さて、いずこに行くのか？

今日の経済制度はもはや機能しないということがますます明らかになっている。あまりにも多くの人々が、実に何千万の人々が生命を維持するために十分な食糧を得る権利から除外されている。この惑星の生産能力は膨大であるが、その分配の方法が非常に不適切であり、不公平なので、理由もなしに何千万の人々が苦しみ、死んでいる。人間はこの事実を知りながら、しかしこの罪悪を是正することについてほとんど何もしない。

さて、いずこに行くのか？　いつまで貧しい人々はこのように苦しまなければならないのか？　計り知れない破局がこの世界を飲み込む前に、この重大な不正を、いつまで諸国家は支持できるのか？　豊かな世界の中で、何千万の人々が苦しみ、死ぬというこの永遠な、悲劇的状況を、人間は決して是正しようとしなかったのは不思議ではないか？　最も簡単な解決法のようなのだが、あり余る富を持つ人々に全く思いつかなかったのだ。なぜ、単なる正義（公正さ）が解決法を明らかにしないのか。金持ちが彼らのコントロールする富を分かち合わねばならないということは、単に分別のある正しいことであるのみではなく、世界平和のために欠くことのできないことであり、もしすべてのものの生存が保証されるならば、すべてのものに恩恵があるのである。

いいですか、分かち合いは単に、良いそして公平なアイディアであるのみならず、人類が生き延びるために欠くことのできないことであることを、人は認識するようにならなければならない。賢明で公正な分かち合いのみが、すべての人間が願う平和をもたらすだろう。分かち合いなしに信頼は決して生まれない。マイトレーヤ御自身が人間にこの単純な真理を語り、それに続く恩恵に彼らの目を開かせるだろうということは確実である。

分かち合いと正義の必要を確立することを求めて働いている多くのワーカー（働き手）たちの一人になりなさい。人間は誰も分離し孤立していないことを、知ってか知らずか、すべての人間は次々に展開される啓示の長い旅路の中で、見えざる糸で共につながっているということを覚えておきなさい。分離の行路を放棄して、途上にあるあなたの兄弟姉妹を助けなさい。

二〇一三年五月九日（二〇一三年六月号）

民衆の声が将来を先導する

現在の世界の経済制度は壊れており、変えられなければならないことは、多くの人々にますます明らかになっている。例えば、アメリカ、ヨーロッパそして日本の経済は停滞状態であり、つい最近まで勢いが良かった中国の景気は減退しつつある。インド（何千万の人々がいまだに貧困の中で暮らし、そして死んでいる国）とブラジルのみが、成功の旗を高く掲げている。

これは世界経済についての非常に偏った見解であることは認めるが、大体において、諸国家は次第に衰えており、いかにして繁栄させるかを知らないのである。古いトリックはもはや機能しない――大学出がバーで働ければラッキーだと感じる、貧困層は以前よりもさらに貧困になり、食糧銀行の分配を感謝する、中産階級は何とか体裁を保つのに苦闘する、金持ちはこれまで以上に金持ちになるのに、彼らの税金は高すぎると思っている。政府は努力するが、その優先順序は間違っており、彼らのやり方は、世界が直面する問題の解決にもはや適切ではない。

政府の不活動や間違った考えのために最も苦しむ国民は、しかしながら、彼ら自身の必要を明確に見る。彼らは自由を、正義を、働く権利を、そして彼らの家族が繁栄することのできる平和な世界を求める。彼らの要求にますます声が与えられている。一般大衆が自分たちの置かれた境遇に怒りとフラストレーションを抑えておくことはもうできないだろう。彼らは、政府が彼らの名の下に行ってきた行動や言葉をもはや信用しない。彼らはあまりにも長い間、あまりにもしばしば、欺《あざむ》かれ、彼らの生得の権利はだまし取られた。彼らは、もはや強力な金持ちの策謀を信用せず、そのことを単純に、しかしはっきりとした目で見る。民衆の声は高まりつつある、いや(すでに)高まった。そして彼らは人々に、自分たち自身を宣言するように呼びかける。

民衆は恐れることなく、はっきりとした目で将来をのぞき、公平で、平和な世界を求める彼らの志向の実現の可能性を見た。これはひとりでに起こらないことを、兄弟姉妹たちと共に、実現するための力(パワー)を自分たちの手に握らなければならないことを、彼らは知っている。また彼らは、その道が困難であり、危険なことも知っているが、それを不成功に終わらせるにはあまりにも貴重な褒美《ほうび》である。なぜなら、それは同胞愛という褒美、正義、平和という褒美、そしてすべての人間にとって、より良い、より簡素な、より真の人生という褒美であるから。それを達成するためにはどのような犠牲も大き過ぎることはないことを彼らは知っており、その名の下に死ぬことを厭《いと》わない。

かくして、世界の民衆は、彼らに定められた自由と正義という生得の権利を受け継ぐだろう。かくして、民衆の声は次の数カ月、数年のうちに、よりいっそう大きく、よりはっきりと持ち上がるだろう。

二〇一三年六月六日(二〇一三年七、八月号)

将来の一対の柱

これからは、世界の〝立役者たち〟すなわち富と権力の男たちは彼らの策略と計画に対する抵抗がますます増大するのを発見するだろう。ますます強まるアクエリアス(宝瓶宮)の恵み深いエネルギーの影響に反応して、異なったかたちの生き方についての認識が生まれつつある。すなわち、すべての者が恩恵を受け、成長することができ、すべての者のより大きな利益のために自分たちの才能とアイディアを顕現《けんげん》することができる生き方である。さらに、お金は、結局は神ではなく、献身も服従も要求しない、お金は単に、使っても使わなくてもよい便利なツール(道具)にすぎないのに、その主人を奴隷にする暴君となったという感覚が増している。

またこれからは、古い形態や方法はもはや機能しない、少なくとも少数の人間以外を益しないということがますます明らかになるだろう。かくして、すべての国の金持ちと貧困者の間に、大きな割れ目が、これまで以上により鮮明に、より明確に開いた。世界の貧困層がこの神聖ならざる分割を受け入れるのもあとわずかであろう。だから、革命の気配が再び多くの国に起こっている。わたしたち覚者の見解は、そのような結果は、理解はできるものの、人類にとって良い前兆ではなく、彼らの絶望感を強めるだけであろう。

わたしたちの方法は平和的な進化の方法であり、世界をさらに危険にさらそうとする者たちにその方法を勧める。わたしたちの方法は単純であり、達成可能である。分かち合いの原則は人間の苦難に対する素晴らしい答えである。公正な分かち合いは、この世界をあっという間に変容させるだろう。他にたくさんの方法が試みられてきたが、失敗に終わった。人間の計画の中に、分かち合いが位置を見つけられなかったのは不思議ではないか。

マイトレーヤは、今現在も、「平和と和解」の新しい社会の一対の柱である「分かち合いと正義」の必要について、毎日、語っておられる。だから、この単純な道をしっかりと守り、すべての者の心（ハート）に喜びをもたらしなさい。

二〇一三年八月九日（二〇一三年九月号）

人類は目覚める

キリストが、あるいはそのような人物がわれわれの直中《ただなか》に住んでおられるということが、間もなく多くの人々に実感されるだろう。マイトレーヤがこれまでに与えられたテレビのインタビューに対する反応が非常に大きかったために、強力な想念が現れつつある——すなわち、「昔の教師」が戻って来られる「幸いなるとき」が訪れたという信念である。この期待が今世界中を駆け巡っている。

多くの国々に、例えばブラジル、中国、ロシアにおいて、偉大なる教師がこの世におられるか、あるいは来られる途上にあるというニュースに、非常に間もなく世界は目覚めるだろうという感覚が増大している。この現象は、もちろん、これまでのマイトレーヤのテレビ出現の影響と、世界中にいる献身的なグループによって成し遂げられてきた忠実な準備の仕事のおかげである。

このニュースはこれらの不動の奉仕者たちに対して、彼らの努力を続けることを、そしてもし可能ならば、その努力を倍加することを鼓舞するに違いない。あなた方の兄であるわたしたちは、この長い間の仕事がグループに課してきた負担をよく認識しており、長年もの間の彼らの働きをほめる。その努力は無駄ではなかったことが、間もなく知られるだろう。

これからは、準備の仕事に携わってきた者たちは、人々が、偉大なる教師の到来が差し迫っていることを信じる準備ができており、よりオープンであることを知るだろう――人々は変化への用意があることを、新しい世界がつくられつつあることを、そして、分かち合いと正義、自由と歓びがすべての人間を待っていることを知るだろう。

二〇一三年九月三日（二〇一三年十月号）

変化の動力

もし人間が、今日、世界の多くの地域で起こっている途方もない出来事を見ることができるならば、「大宣言の日」はあまり遠くないことに気づくだろう。多くの人々がデモ行進をして、変化を求め、より良い人生を求め、生活に新しい取り組みを、彼らに職を保証し、家族のための食糧と必要な医療と、そして自分たちの将来についての発言力を保証する取り組みを要求するのを見るだろう。

これらのアイディアをはっきりと表現するプランがたくさん作られつつある。世界中で様々なグループや個人が新しい世界の青写真を案出している。真剣に取り上げるにはあまりにも興奮した感情的なものもあるが、しかし多くはよく考えられており、必要な変化をもたらすために価値ある計画を提供する。

わたしたち、すなわちあなた方の兄たちは、人間がいかに変化への用意があるかをはっきりと示しているこれらの出来事に、非常に勇気づけられる。もちろん、将来に不安をいだき、変化を恐れる人々はまだ大勢いるが、しかし変容のエネルギー（フォース）は今や非常に強力であり、変化は、用意があろうがなかろうが、人々にやって来るだろう。

世界中で、これらの変容のエネルギーが何千万の人々に、将来のより良い人生を否応なく見させる。彼らの生活の中に平和と正義と分かち合いが当然の位置を占めるようになる人生である。

わたしたちもまた計画を持っており、それは人間に提供されるだろう。人間の自由意志は決して奪われることなく、これらの計画を採用していく速度はこの「法」に従うだろう。かくして、地球上の生活の変容は最小限の混乱で起こるだろう。各々のステップが人間によって調査されるだろう。したがって人類自身が変化の速度を調節するだろう。

そのような変容に対して、すべての者に用意があるわけではないことは否定できない、しかし新しい、よりいっそう平和的な生活への必要はあまりにも大きいので、その変化は、一歩一歩、整然とした順序で訪れなければならない。この方法によってのみ、大規模な破局を避けることができる。

疑う者たちはこの方法によって得られる恩恵を見るとき、地上に降《くだ》る新しい平穏と調和を喜んで受け入れるだろう。


二〇一三年十月十日（二〇一三年十一月号）

分かち合いの青写真

人は分かち合いの原理について考えるとき、ほとんどいつもそれを個人的な意味でとらえる。個人がかなりの額のお金を、どこか遠くに住む、自分の知らない、あるいは知ろうとも思わない人々にあげることを要求されることを想像する。実際、分かち合いの原理はグローバル（世界的）なプロセスとしてのみ組織することができるのである。

部分的にせよ、全体としてにせよ、これが達成されるためには幾つかの方法がある。あなた方の兄であるわたしたちは、以下の方法が最も実際的で、最も単純で公平であり、もし採択されれば、最大多数の人々を満足させるものであると考える。わたしたちが提案するのは、各国に対して、それぞれの国の資源とその必要のすべて、つまり国内で生産するもの、輸入しなければならないもののすべての目録の作成を要請することである。そうして、各国は自国の必要を満たしてある余剰分を世界の共同管理の下に提供し、巨大な国際的資源をつくり、そこからすべての国が引き出すことができる。当然、大きな先進国はより多くの量を提供するだろうが、すべての国が自国の必要を満たしてある余剰物を提供できるだろう。この計画はその単純さと公平さゆえに、わたしたちにとって魅力がある。もちろん、これを実施するには時間がかかるが、それが達成される時が来るのをわたしたちは予測する。

この仕事を世界への奉仕として喜んで引き受ける訓練されたオーガナイザー（組織者）や管理者はたくさん存在する。すべての者の信頼を保つために、その仕事のすべては、覚者か、少なくとも第三段階のイニシエートの指導の下に行われるだろう。かくして、あっという間に、貧困と欠乏という冒瀆《ぼうとく》に終止符が打たれるだろう。数え切れない大勢の人間の心（ハート）と生活は歓びに高揚し、初めて分かち合うことを経験する人々は深く、満ち足りた幸せを発見するだろう――おそらく彼らはそのような体験を知ることを恐れていたのかもしれない。

このようにしてのみ、戦争とテロを終止させるために欠くことのできない信頼を生み出すことができる。そのような信頼なくして、決して平和はないだろう。平和なくして、人類の未来はまさに荒涼たるものであろう。であるから、われわれが生き延びるためには、何らかの形の分かち合いは重要である。大多数の人間がこのことを認識するとき、世界の大多数の問題は解決されるだろう。

分かち合いの原理は世界中の多くのグループの心（マインド）に入り込み始めている。人々は少しずつこの結論に近づきつつある。マイトレーヤは彼に耳を傾ける人々すべてに、分かち合いのみがわれわれの問題の解決を提供するということを気づかせている。かくして、月日が経つにつれて、人々は自分たちの問題に取り組むようになり、ますます多くの人々が、分かち合いが彼らの未来への鍵であることを発見するようになるだろう。

二〇一三年十一月五日（二〇一三年十二月号）

アクエリアス（宝瓶宮）の歓びの訪れ

人間が今のこの時を振り返るとき、自分たちがいかに長い間、様々な残虐行為や苦難を許容してきたのか信じ難く驚きあきれるだろう。人々はその責任をとがめ、処罰と仕返しを要求するだろう。しかし、マイトレーヤは別の方法を勧告するのを知るだろう。正義は、分かち合いと自由と同様に神聖であることを、彼は実証するだろう。報復は彼のやり方ではなく、それは人間を過去に連れ戻すだろう。人々がこれに気づくとき、復讐への思いを放棄して、マイトレーヤと彼のグループの覚者たちに鼓舞されて、途方もない変換の仕事に熱意をもって取り掛かるだろう。

もちろん、必要とされる変化は膨大であり、それぞれに優先順位があるだろう。現在、飢えと赤貧の中で生きている人々、あるいは戦争によって無理に移動させられた人々、これらの何十億という人々が最初に、その苦しみから解放されるだろう。この惑星の未来がかかっている分かち合いの法という神聖な正義が、最高位を占めるだろう。人間がこの見事な成果をつくづく眺めるとき、分かち合いの法が彼らの心（ハート）に入り込むまでに、なぜそんなに長くかかったのか、悲しく、不思議がるだろう。

かくして、人は新しい達成の光の中で彼らの過去の過ちを熟視するにつれて、心的、精神的に成長するだろう。かくして、急速に消え褪《あ》せていく過去から新しい世界を形づくるために彼らの決意を奮い起こすだろう。

覚者たちが生きることへの新しいアプローチの開始を鼓舞するだろう。すべての人間が分かち合うことができ、すべてがその一部であることのできる生き方である。ますます深まる同胞愛と協力の感覚が、彼らの仕事に新しい歓びをもたらすだろう。時が進行するにつれて、仕事とお互いに対するこの新しい姿勢が、アクエリアス（宝瓶宮）がもたらす栄光を予告するだろう。

二〇一四年一月九日（二〇一四年一、二月号）

上昇の道

一人ひとりの人間の裡《うち》に神が宿る――いまだ可能性としてではあるが、それは永久不変である。われわれが人生と呼ぶ体験を通しながら旅路を進み、ついに、あの「神」との一体に向かう一歩であったことを知り、「神」の事実を認識し、それは「超魂（the Soul）」であり、われわれの真我（higher Self）であることを認識する。

今までは、「超魂」についてのわれわれの知識は宗教の関連からきていた。そのため、「超魂」は人間から遠い存在であり、認識され、遠くから崇拝されるべき何かであるという印象を残した。しかしながら、人が進化するにつれて、「超魂」は自分自身であることを、自分の、より高位でより純粋な部分であるが、にもかかわらず、自分自身であることを理解するようになる。かようにして、人は進化し、自分の真の本質と目的についての知識を深めていく。

今日、非常に多くの人間がそのような道程を歩むことについて、意識的に認識している。彼らにとって人生の意味は深まり、より優れた知識と体験を探究する。かくして、やがて彼らは瞑想に向かい、その実践を通して、より大きな発見が彼らのものとなる。一歩一歩、彼らは自分たちが「超魂」であることを確信し、それは何か遠く離れたアイディアではなく、まさに彼ら自身であることを知る。徐々に、彼らの人生のテンポ（速度）は変化し、より深い意味と目的が彼らの行うすべてを強化する。かようにして、人間は超魂の神性と知恵をますます反映させながら、完全への道程を前進する。すべての者がそれぞれのやり方でそのような旅路を歩む――ある者は素早く、熱心に、ある者はゆっくりと、その道についてのゆっくりと、その道について不確かな思いで歩む。しかし、やがて、すべてがその旅の進歩を測る様々な門をくぐるのである。今日、この旅路は、そのような道が存在することを知らないが、にもかかわらず彼らの「魂」の呼びかけに応える何百万の人々によって辿《たど》られており、門をくぐる。彼らは、今のこの時の必要を感知し、それぞれの必要を満たすことを求め、そのようにして、彼らの役割を果たす。

知ろうが知るまいが、彼らは彼らの魂を通してマイトレーヤからの呼びかけに応えて、乱闘の中に入り、彼らの熱意と勇気でこの世界を満たす。彼らは努力が無駄ではなかったことを発見するだろう。

二〇一四年二月四日（二〇一四年三月号）

行動を待つ諸問題

反駁《はんばく》の懸念なしに、世はすべてこともなしではないと言うことができる。例えば、大金持ちと絶望的な貧困者との間の隔たりはかつてなく大きい。極端な不均衡はいかなる社会にとっても健全ではない。確かに富裕層の中の何人かは彼らの富を貧困者に分かち合うが、しかし、一般に、大金持ちはむしろ、すべての者に不利益でも、さらに並外れた大金持ちになることを目指す。

ますます増大する今日の生活のあらゆる面の商業化、それ自体が〝時限爆弾〟であり、その爆発は現在の経済機構を屈服させるだろう。その時期はあまり先のことではない。この極度の物質主義によって生じる緊張はあまりにも大きく、まさに平衡が壊れる時点に近づいている。ほとんどの人は、緊張をつくり出すほうにあまりにも深く関わっているので、これらのフォース（力）に気づいていない。

かくして、人間に彼らの唯一の自然なコースが提供される――分かち合いの原理の採択である。人類はこの認識の方にじりじりと寄りつつあるが、しかしそれを実際に顕現するには、まだほど遠い。

同時に、世界に直面する生態系の問題はクライマックスに近づきつつある。今日、ほとんどの国家が、惑星の温暖化は最大の敵であることを認める。国々を分け隔てる問題は、それが人間の責任なのか、あるいはどの程度が人間の責任なのかということである。人間が取ることのできる最も賢明なコースは、気候の窮境《きゅうきょう》のほとんどは彼らの責任であると想定して、その問題を修正するためにあらゆる実際的な手段を講じることである。ある国々は確かにそうしているが、すべてではない。わたしたちの助言は、人間の行動と非行動が問題の八十パーセントに責任があり、人間は彼ら自身、そして彼らの子供たちのために、その緩和に向けて何も惜しむべきではない。

わたしたちが助けの手を差し伸べることは請け負うが、しかし人間自身が自分たちの役割を果たさなければならない。

世界経済の崩壊と共に、人々は人類の一体性を認識するようになるだろう。この認識は戦争に対する彼らの態度に深遠な影響を及ぼすだろう。生存のための闘いに彼らは共に結びついていることを知るだろう。そしてマイトレーヤのことばがより一層大きく彼らの心（マインド）に響くだろう。分かち合い、正義、自由は、未来の強力なシンボルとして、すべての者の生得の権利として、正しい関係への道として、人間の心（マインド）に育っていくだろう。

二〇一四年三月五日（二〇一四年四月号）

ばくち的ジェスチャー

人々が正しい関係に向けて断固たるステップを取るときはいつも、対決に向けて同様の断固たるステップを取る人々が必ずいる。大勢の人間がより大きな自由と正義のために働き、そして死んでさえいる――と同時に、他の勢力は減少する彼らの力（パワー）を強固にするための冷笑的な試みで平和を脅かす。その間、全体としての人類は、放棄され克服されるべき昔の古い憎悪の思考の再発を目撃して、恐れおののきながら見守る。

あなた方の兄たちであるわたしたちもまた、この危険なやり方を注意深く見守るが、恐れてはいない。良識は、得るものと失うものとを大体、はかりにかけてみるとき、少なくとも不安定な平和を受け入れることを強いることを、わたしたちは知っている。

これからは、このシナリオが世界中で繰り返されるだろう。〝諸大国〟は彼らの力を維持しようと、あるいは増すことさえ試みるだろう、しかしながら、現状維持を損なわないように慎重にやらなければならないことを知っている。

一体いつまで、諸国家はこの無益なゲームをすることができるのか。唯一の分別あるコースは、すべての者のための平和と繁栄のために、共に働くことである。この方法によってのみ、諸国は国民に、平和の歓び、正義（公正）の繁栄、そして分かち合いの至福を得るための用意をさせることができるのである。

二〇一四年五月三日（二〇一四年六月号）

新しい環境

覚者たちが日常の世界に歴史的な復帰を始めるとき、新しい環境の中で十分に機能することができるために、することがたくさんあるのを見いだすだろう。多くの者が知っているように、テレパシー（思念伝達）が彼らの通常のコミュニケーションの様式であるが、人々と共に働くためには、彼らは、長い間捨てていた人間の言語を再び学ばなければならない。あなた方の兄たちの多くは物質界の活動の諸問題に対してすでに懸命に働いている。このようにして、より大きな信頼と仕事のやりやすさが生み出されるだろう。

さらに、多くの覚者たちは何世紀もの間、人類との直接の接触はほとんど、または全くなかったので、その状況と働き方の様式は全く新しいことを発見するだろう。もちろん、ほとんどの覚者たちは非常に適応性があり、学ぶのも速いが、当然、外界での慣れない活動が重い負担であることを発見する覚者たちもいるだろう。

もうすでに長年の間、特定の覚者たちは弟子たちの大きなグループを、新しい文明の計画――政治と経済――の遂行という困難な仕事のために訓練してきた。これらの訓練された男女が、民主的な投票によって選ばれて、ハイアラキーのより先達のメンバーの計画を具体的に現実のものにしていくだろう。かくして、世界の再建は、国民の必要が認められ、受け入れられていくにつれて、滑らかに進められていくだろう。再建の仕事は膨大であり、かつてない奉仕の分野を人々に提供する。貧困と欠乏の中で生きている数えきれない大勢の人々に対して、これまでに試みられたことのない規模の援助の応急プログラムが最初に提供されなければならない。

徐々に、巨大な都市はより小さくて、庭や公園を豊かに備えたものに取り替わるだろう。今日の醜いスラム街は刺激と休息のための様々な領域に取って代わるだろう。明らかな違いの一つは汚染とスモッグの解消である。町や田舎での新鮮な空気はまことに新鮮であろう。交通機関は速くて音がなくなり、長い旅は短縮され、快適になるだろう。疲れは消えるだろう。

もちろん、このすべてを実施するには時間がかかるだろう、しかし、一歩一歩、美への探究がわれわれの存在の基調になるだろう。すべての者によって所有され、分かち合われる無料で無限のエネルギーがこの変容を保証するだろう。かくして、「新しい時代」が布告され、すべての人間に大計画への奉仕に彼らのベストを尽くすことが呼びかけられるだろう。

二〇一四年五月三十一日（二〇一四年七、八月号）

前方の道

祝宴へようこそ。新しい時代の瀬戸際に立って、人々は彼らを待つものが何かを知りたく思う。多くの人々が知るごとく、世界はおよそ二つのグループに分かれており、その数はだいたい同じくらいである。一つは、急速に消え失せていくパイシス（双魚宮）の時代の特徴を顕している。今や世界中に顕《あらわ》されているあの時代の栄光である強力な個人性が、今日われわれの最大の脅威であり、すべての者の未来を脅かすようになった。かくして、諸国は容赦なく競争し、最も大きく、最も強い国が大きな分け前を要求する。

しかしながら、日ごとに、情け深い宝瓶宮（アクエリアス）の水がその存在をますます感知させており、人間を奈落の底からじりじりと引き揚げさせている。

今や非常に多くの人々が、人類はひとつであり、すべての人々の利益のために共に働くことによってのみ、人類は生き延びることができるということを感じている。

この新しい、そして賢明な概念が至るところにいる人々の中に目覚めつつあり、未来の調和への道を示している。この目覚めを止めることも、他にそらせることもできない。なぜなら、その背後にあの偉大なる、混合させ、融合させる統合の大聖がおられるのであるから。かくして、新しい啓示がもたらされ、偉大なる主、マイトレーヤ御自身が先導されるだろう。

その時は今まさにわれわれの頭上にある。見張っていなさい。居眠りしていてはならない。マイトレーヤの召集を見逃してはならない。

二〇一四年八月六日（二〇一四年九月号）

裂開《れっかい》の剣《つるぎ》

多くの人々は、世界にマイトレーヤが臨在されるにもかかわらず、すべてがこれまでより、いっそう険悪で不安定になりつつあると信じる。今日のさらに高まった緊張のために彼らを恐れさせ、対処する用意のない多くの問題や困難を緩和するために、ハイアラキーは何をしているのかと不思議に思う。

本当のことを言えば、世界は用意されつつあるのである。大いなる緊張と変化の時には、人々は社会の本当の状態について限られた見解——必然的に持つのだが——で問題を見る。

人類は、これらすべての出来事が将来に対して同じ影響と重要性を持つと思うのだが、本当の見解は、それは覚者たちのみが見ることができ、全く異なるのである。覚者たちは様々な出来事をあたかも平面上（界）で起こっているものとして見、それらを単なる可能性として見るのである。あるものは凝結して〔現実のものとなり＝訳注〕世界の変化に影響を及ぼすが、あるものは全く凝結せずに、ただ立ち消えになるということを知っている。人類はその限られたビジョンで、これらの出来事すべてを彼らの将来に関連するものとして見るが、そうではないことは確実である。覚者たちの見解からすると、人類が、これほどまでに、将来がもたらすだろう新しい世界を迎える用意を整えたことはかつてなかった。これほどまでに、共通の福利のためのインスピレーションと用意の整うときに近かったことはかつてなかった。

キリストが(われわれが想像しないほど早い時期に)戻ると言われたとき、彼は、見せかけの平和という心地良いことばではなく、剣を、「裂開の剣《つるぎ》」をもたらしたのである。それは父と子を、兄弟と兄弟を引き裂く剣である。今日われわれが目撃しているのは、まさに「裂開の剣」の働きである。マイトレーヤの愛のエネルギーはすべての者を刺激する――正義と分かち合いを愛し、そのために働く者も、世界に不和と分離を引き起こす者も同様に刺激する。このようにして、「裂開の剣《つるぎ》」によって産み出される明確な対比を通して、人々は将来についての本当の選択を――すべての人間、貧しく飢えたる者たち、そしてマネーの男たちや世界の平和の破壊者たち、の未来のための選択を――することができる。われわれ一人ひとりがこの分割のどちらの側に真実を見いだすのかを選択しなければならない。

二〇一四年九月六日(二〇一四年十月号)

マイトレーヤからのメッセージ

人類がわたしを見、わたしが本当に誰かを知るとき、彼ら自身が内的に変化することに気づくだろう。

多くの者が、しばしの間、幼年時代の歓びに戻り、それによって、この世界がとても良いホーム（わが家）であることを発見するだろう。多くの者が、奉仕したいという欲求の強まりを感じ、変化の最前線に位置を占めるだろう。そのような人々を、わたしは、人間のスピリット（意気）と歓びの心を再び満たすための仕事に召集する。

信じなさい、もしできるなら、わたしがあなたと共におり、あなたに代わってわたしの力（強さ）を使う用意があることを。

信じなさい、もしできるなら、我が友よ、わたしは公に人類の前に戻る日を待ち焦がれていることを。

二〇一四年十月七日（二〇一四年十一月号）

【読者は、このメッセージがベンジャミン・クレームの師である覚者ではなく、世界教師マイトレーヤからのメッセージであることに気づくだろう。これは二〇一四年十月七日にベンジャミン・クレーム

を通して、高位のメンタルテレパシー（思念伝達）の方法によって提供されたものである】

理性への呼びかけ

この世代が直面している最も重大な問題は生態系の不均衡であり、それが地球の膨大な領域を脅かすことを人類が認識する時が間もなくやって来る。知ってのとおり、この問題がどの程度のものかについて人間の意見は分かれている。しかし、この生態系のジレンマを真正面から直視して対処しない限り、多くの者にとってその将来が危ぶまれる。

間もなく、多くのグループがこの危険の深刻さに気づくだろう、そして年毎に、彼らは大災害に近づいていく。地球温暖化によって放たれたエネルギー（フォース）は、今や人間が使用できるコントロールの装置をはるかに超えている。

だから、まだ少し時間がある間に、注意して聴きなさい――海の水位は容赦なく上昇しており、しかも人間は、のんびりと、彼らの将来を賭けている。

S.O.P. ―― Save Our Planet（我らの惑星を救いなさい）。

二〇一四年十一月八日（二〇一四年十二月号）

今年の見通し

今年の終わりに近づくにつれて、人々は世界の様々な地域に変化の始まりを見るだろう。有害だと見られていたことが、終わりには有益なこととして見られるだろう。飢餓と憎しみは両方とも、新聞のページに優位を占めることはなくなり始めるに違いない。より穏やかな雰囲気が現在の怒りと部族的な残忍行為に取って代わり始めるだろう。しかし、誤解してはいけない——これが苦難の終わりではない。ある者たちにとってはありがたくない苦難が前方に控えているが、そうあらねばならない、なぜならそれを起こした状況を彼ら自身がつくり出したのであるから。

しかしながら、それは長くはないだろう。宝瓶宮（アクエリアス）の有益なエネルギーが再生の過程を速めつつあり、これが未来の基調として見られるべきである。人々は至るところで変化を待っており、変化は訪れるだろう——歓迎するにしろ、しないにしろ。

恐れることはない、すべてが最善のためなのであるから。

二〇一五年一月十二日（二〇一五年一、二月号）

新しい状況の到来

今まさに間近に起こる出来事は多くの人々を当惑させるだろう――政治、経済、社会に現れる変化のスピードはあまりにも速く、しかもそれは非常に頻繁に起こるだろう。

多くの者にとって、彼らの主な反応は不安と困惑であろう。それらの変化の性質とその規模の大きさに当惑し、怯えながら、それを変容する社会の徴として見るだろう。他の者たちは新しい顕現を恐れ、憤《いきどお》るだろう。あらゆるところで人々は、自分たちが取るべき正しい方向に確信がなく、用心深く行動するだろう。

しかしながら、人々がそのように行動するのもあまり長くないだろう。彼らは、自分たちがまことに変化しつつある世界に住んでいることに気づき、彼らの信念や価値観に対するより大きなチャレンジに悩まされるだろう。

かくして、人は古いものから新しいものを確立し始め、この時代のチャレンジに応えるために彼らの能力をますます発揮し始めるだろう。

二〇一五年二月八日（二〇一五年三月号）

「法」の条理

人々は変化しつつある世界に生きており、それを当たり前のこととして受け入れなければならない。ある人々にとっては、これらの変化は脅威のように見え、ありがたくないだろうが、他の人々にとっては、特に若い人々には、それらの変化は両手を広げて歓迎されるだろう。あなた方の立場が何であろうとも、それは最善のためであることを保証する。なぜなら、それらの変化は時の必要を反映しており、避けられないことであり、公正である。人々は、これらの変化が自分たちの生活に影響を及ぼす条件を自分たち自身がつくっているということに気づくべきである。この認識が成果を上げるとき、新しい時代へのより円滑な移行が当たり前のことになるだろう。

人々に対するわたしたち（覚者たち）の勧告はこれである——見えざる力のせいにするのではなく、われわれの時代の変容を創造していく中におけるあなた自身の役割を悟りなさい。これらの変容の中から、恍惚《こうこつ》とした歓びがやって来ることを確信しなさい。

二〇一五年三月八日（二〇一五年四月号）

新しいもののしるし

間もなく、人々が探し求めるしるしが顕《あらわ》れつつあることが明確になるだろう。ある人々にとっては、それらのしるしは必然のように思え、歓迎するだろう。他の人々にとっては、それらは彼らが大事に思うすべての消失のように思えるだろう。実は、それらは新しいものを意味するのであり、現在起こっている深い変化の外的な現れにすぎない。時が経てば、現在、急速に過ぎ去りつつある古い世界において、多くが間違っていたのであり、人間の本質と業績のより良い表現のために犠牲にされなければならなかったということに、ほとんどの人々が同意するだろう。

であるから、間もなく、これらのしるしによって先触《さきぶ》れされた変化は、われわれが新しい、誰もが誇りに思える制度が登場しつつあることを、鋭い観察力を持つ人々に気づかせるだろう。

二〇一五年四月十一日（二〇一五年五月号）

最高位からの贈りもの

人間は啓示を拝受する時点に立っており、間もなくそれが、一致しない様々な声や態度を押し流すだろう。人間は自分たちの存在の意味と目的をよりいっそうはっきりと知り、その知識が彼らの認識の中にもたらされた手段を知るだろう。間もなく、非常に間もなく、人間はあたかも一夜にして、と思えるほど、急速に成長するだろう。

この新しい知識は多くの者たちをこらしめ、驚かすだろう、しかし彼らの理解について完全な調整をもたらすように、彼らを刺激し、啓発するだろう。これが人生の意味と目的と彼らが呼ぶところのことについて、新しい価値を与えるだろう。より一層の真剣さとより大きな歓びが人間の信念と行動に浸透するだろう。そして徐々に彼らを全く新しい啓示に熱中させるだろう。その時は遠い先ではない。偉大なる主は、公に、認知される存在として世界に現れて、恩寵をもたらすことをしきりに願っておられる。

恐れることはない。新しい世界がつくられつつあり、それが人間の信と勇気を同等の順序で回復させるだろう。

二〇一五年五月十日（二〇一五年六月号）

新しいもの（事）の殺到

ある人々にとっては、来たる何カ月かは、彼らがそれまでに経験してきた中で、最も困難な時期であるように感じ、とても対応し得ないように感じる力（フォース）からの一時的な猶予を求めて、ほんのかすかな望みをも探し求めようとするだろう。

同時に、他の人々にとっては、彼らの独創性や創造性についてのより高まった感覚があるだろう、それがいかに非現実的なものであっても。この出来事についての〝読み〟が何であろうと、すべてが速やかに「新しい時代」に、そして宝瓶宮（アクエリアス）の（エネルギーの）影響の中に進んでいる。これの影響は実に強力だろう。

では、人はどのように反応すべきか？　これを「新しい時代」に向かうさらなるステップと知りなさい。そうすることで、「偉大なる主」の出現を待ちなさい。心（ハートとマインド）の扉を開きなさい、そして新しいもの（事）の殺到に備えなさい。

二〇一五年六月十六日（二〇一五年七、八月号）

世界は用意ができている

間もなく、本当に間もなく、人々は未使用のまま彼らの手の内に横たわる力(パワー)に気づくだろう。彼らは自分たちの人生の特質を変える能力を持つことを知るだろう。自由、正義そしてお互い同士の正しい関係は人間の生活にとって欠くことのできないものであることを理解し始めている。多くの人々が、この喜ばしい状態の創造を確実にする制度・機構を要求している。

これは、世界が新しい啓示を受ける用意ができていることを、マイトレーヤにははっきりと示す。であるから、人々は限られた残された時間を、彼の臨在を知らせることに使うべきであり、そうすることで、彼の道を整えなさい。

二〇一五年九月七日(二〇一五年十月号)

新しい時代へようこそ

ようこそ、新しい時代へようこそ、一体性（ワンネス）の時代へようこそ。今日、多くの人々は新しい時代の始まりを恐れているが、起こっている事どもを注意深く見てほしい、そうすれば変化を推し進めている最も天賦の才ある代表的人物の何人かが集合しているのが見えるだろう。

現在、人類に新しい状況を示している賢明な人々のグループが世界に存在する。その中のフランシスコ教皇は人々の理想のユニークな顕れであり、彼が代表する民衆に近い。ダライ・ラマもまた彼が代表する人々に代わって、強力な役割を果たしている。そのような天賦の才ある代表的人物の一団が、同じ時期に、共に集い、人類に対して、すべては良好であり、あらゆるところに住む人間が彼らの夢の成就を見るまでに待つ時間は非常にわずかであることを示すというようなことは、これまでかつてなかった。彼らは過ぎ行く日々を祝福し、彼らの愛を至るところにいる人間の心（ハート）に近くもたらす。

あなた方もまた彼らに愛を返しなさい、そして到来する御方の名において彼らを喜んで受け入れなさい。あなた方の恐怖心を愛ある期待に変えなさい、そして至福の中であなた方の当然の権利である新しい時を待ちなさい。あなた方がこの方の御観《みかお》の奇跡を見るまで、この方の臨在と、すべてに対する彼の愛についての歓びをあなた方が知るまで、長くはない、本当に長くはないのである。そうして、あなた方は、自分たちがなぜこの特別な時期に生きている（転生している）のかを知るだろう。
あなた方に神の祝福があるように、そしてあなた方の恐怖を永遠に払いのけてくださるように。

二〇一六年一月十四日（二〇一六年一、二月号）

マイトレーヤからのメッセージ

近頃は、多くの者にとって困難な時期である。最良の者たちや最も親密な者たちでさえ、疑いや懸念の悩みを感じる。

しかし、わたしが、世界の前であなた方の一人としてあなた方と交わると言うとき、それは真《まこと》である。

同様に、わたしが、すべての人間がわたしの顔を見て、応える時は本当に間近いと言うとき、それは真《まこと》である。

ただ『法』のみがわたしにほんの少し待つことを命じる、しかし、『法』の範囲内で、わたしは確かに毎日あなた方と共にあり、あなた方の必要と、あなた方によってわたしに提供される様々な機会に絶えず呼応しているのである。もうすぐ、全体としての人類がわたしの存在に目覚めるだろう。そしてわれわれのこの世界の抜本的な変革をみな喜んで受け入れるだろう。

われわれは一つの文明の始まりと終わりにいることを、世界の歴史の中で、桁外《けたはず》れの時代であることを忘れないようにしなさい。したがって人々は変化の痛みを感じるのだということを理解しなさい。

ある人々にとっては自由への解放である。他の人々にとっては、保証と平穏の喪失である。

しかし、我が兄弟よ、痛みは長く続かないだろう、すでに多くの人々はそうであることを知っている。あなた方がこの困難な時期を通り抜けるのを助けるための援助はあり余るほどある。この「時代」を喜んで受け入れなさい、そして新しい事どもの徴を認知しなさい。

まことに、まことに、わたしはあなた方と共にいるのである。まことに、わたしは多くの方法であなた方の中にいる。

兄弟たちよ、あなた方が、新しい世界についてのわたしの期待にいかに近いか、自分たちで判断しなさい。それは、すべての人間がひとつである世界であり、すべての人間が創造の歓びを成就する世界であり、単純にそして真実に、兄弟たちに道を示す彼らの能力を、愛をもって成就する世界であろう。

二〇一六年三月三十一日（二〇一六年五月号）

【これは二〇一六年三月三十一日にベンジャミン・クレーを通してメンタル・テレパシーの方法によって、マイトレーヤから『シェア・インターナショナル』に伝えられたものである】

現在の世界危機についての覚者のコメント

現在の状況は間もなくより良い方向に向きを変えるだろう。嵐はほとんど過ぎ去った。われわれがまだそれを認知していなくても、嵐はその勢いを失っている。

大混乱はほとんどいつも、ひとつの宇宙（コズミック）の状態（周期）から他の状態への変化の結果である。多くの人々はいまだ古いあり方の中に捕えられている。多くの人々は行動やあり方を変える必要を認知するには、あまりにも不安であり、あるいは全く気づいていない。

また、人類が新しいエネルギーにどう反応するかの問題である。ほとんどの反応は貪欲《どんよく》か恐れに基づいている。富める者たちは（党派などに左右されず）独立し、非常に貪欲《どんよく》になった。彼らは利用し得るすべてを有利に獲得できないだろうということを恐れており、また彼らの富を失うことを恐れている。人は、世界がひとつであることを、ひとつの人類であることを認識しなければならない。貪欲《どんよく》と競争に基づいて資源・富を管理する金持ちは、危険を覚悟で、この真理を否定する。

二〇一六年七月二十五日（二〇一六年九月号）

特別なステートメント

「困難な時期はほとんど終わっている。新しい時代をマイトレーヤがいと高き存在である御自身を示顕し、すべての者がこの方をこの時代の大教師（覚者）として認知する時を、人々は自信をもって待つべきである」

二〇一六年十月五日（二〇一六年十二月号）

【これは覚者がベンジャミン・クレームを通して伝えられた最後のメッセージとなった】

追補　マイトレーヤからのメッセージ

【ベンジャミン・クレームが様々なメディアのインタビューを受けたとき、インタビューの最後に、番組のスタッフの要請に応えて、マイトレーヤはクレーム氏をオーバーシャドウして祝福のエネルギーを送ってくださったのだが、その間に、ときおり、視聴者に向けてメッセージも送ってくださった。以下に、二〇〇〇年十二月から二〇一〇年までの間にインタビューの最後に伝えられたメッセージを収録した。この他に、マイトレーヤがシェアインターナショナル誌のために、送ってくださったメッセージは本文に収録した】

二〇〇〇年十二月十四日

わが友よ、あなた方がわたしを見るまでに経過する時間は非常にわずかであろう。あなた方がわたしの言に速やかに、そして心から応えるように。

すぐ間近な将来の時期を恐れるでない。なぜならそれはあなた方の人生の最も幸せな時の前兆なのであるから。

わたしのストーリー（物語）に対するあなた方の関心を歓迎する。しかし信じて欲しい、これはストーリーなどではないのだ。

それは現実であり、いつの日か、あなた方はそれを子供たちに伝え、彼らがまた彼らの子供たちに、というように何年も何年も語り継がれていくだろう。

わたしはあなた方の兄弟として、教師として、あなた方の中に住み、そして私たちが神という名前を付けているところのものに対する認識をあなたの裡に放つのである。

わたしの祝福はあなた方の周り至るところにある。

幸せでありなさい。そしてわたしの真の出現を待ちなさい。

（二〇〇一年二月号）

【英国のチャンネル4テレビ局のドキュメンタリー番組のために受けたインタビューの最後に、マイトレーヤの祝福と、それからできればメッセージをいただけないかとクレームは要請された。番組スタッフの要請は叶えられた】

二〇〇二年七月二十九日

我が友よ、あなた方は間もなくわたしを見るだろう。あなた方の中には私の到来を恐れている者もいる。だが、あなた方に言っておく、決して恐れることはない。わたしは、あなた方一人ひとりを、今も、いつも、愛しているのだから。わたしの心（ハート）は、あなた方すべてに対する神の愛で満ち満ちている。

（二〇〇二年十月号）

【アメリカ、ロスアンゼルスのKLOSラジオ局の『インパクト』という番組で、フランク・ソンターグのインタビューを受けた。最後にマイトレーヤからの祝福の終わりに全く予想外にも、マイトレーヤが聴衆に向かって語りかけられた。その番組の始めのほうで、聴衆の幾人かが電話をかけてきて、キリストの再臨の話は怖いとコメントしていた】

二〇〇三年三月二十日

あなた方がわたしの顔を見るまでに、もう待ち時間はほとんどない。
現在の緊迫した状況の中でも元気を出しなさい。
より良い未来がすべての人にやって来る、という希望を高く保ちなさい。
わたしの心（ハート）は神の愛で満たされている。
この愛をわたしの声を聞く者たちすべてに贈る。

（二〇〇三年五月号）

【ベンジャミン・クレームはパリのラジオ局『Ici et Maintenant』でのインタビューの終わりに、インタビュアーが、マイトレーヤから何かお言葉をいただけるだろうかと尋ねた。クレームは、その件に関しては彼の力ではどうにもならないが、マイトレーヤは祝福ならくださるだろう、そしてもしお言葉をいただけたら、それは予想外のご褒美というものだと説明した。しかし、祝福が始まるや否や、マイトレーヤはメッセージをくださった】

二〇〇四年四月十五日

我が友よ、わたしはあなた方の生活からかけ離れてはいない。

すべての想い、すべての志向がわたしの裡で認知されるからである。

あなた方の深遠で難しい疑問への答えを持つ素朴な男としてのわたしを探しなさい。

あなた方のハートの中を探して、愛を表現する方法を見つけ、それを実際に現しなさい。

早過ぎもせず遅過ぎもせず、ちょうど良い時に、わたしはあなた方の生活の中にやってきた。

そうであるから、近い将来、わたしを探し、

もしわたしがあなた方のハートに触れたなら、
わたしについてきなさい。

（二〇〇四年六月号）

【ベンジャミン・クレームが四月十七日のフランス講演の前日に、ラジオ番組に出演した際のマイトレーヤのメッセージであり、特にフランスの民衆、フランスの精神性に向けて語りかけられたものである】

二〇〇四年九月二十三日

もう少しだけ待っていなさい、そうすればあなた方は自分たちの夢が実現するのを知ることになるだろう。そのようになるだろう。そして間もなく、育みをもたらすわたしの愛があなたの人生を力強くし、歓びを与えるだろう。

（二〇〇四年十一月号）

【オランダのアムステルダムでのテレビ・インタビューの折、マイトレーヤから与えられたものである。同様の状況でマイトレーヤによって与えられた簡潔ではあるが力づけられる幾つかのメッセージの中の最新のものである】

二〇〇五年四月十四日

この話に興味を持ち、わたしの仕事の負担を軽くしてくれるあなた方すべてに、わたしは感謝する。このようにして、世界は徐々により良く変わるだろう。わたしのハートは軽く、このメッセージに対するあなた方の喜びで満たされている。その喜びを前面に保持して、あなた方を導かせなさい。間もなくあなた方はわたしの顔を見るであろう。わたしの祝福はあなた方すべてに流れる。

（二〇〇五年六月号）

【この日行われたパリのラジオ局「Ici et Maintenant」によるクレームへのインタビューの終わりに、マイトレーヤはクレームを通して祝福とメッセージを送ってこられた】

二〇〇六年四月六日

我が友よ、わたしはあなた方が想像するよりもずっと近くにいるのである。わたしのハートはあなた方のハートと共に着実に鼓動している。わたしのハートはあまりにも多くの人々の苦難に泣く。しかるに、今わたしのことばを聞く人々のハートは開かれており、助ける意志があることを、わたしは知っている。

恐れるでない、我が友よ。困窮しているすべての人々を助けるために、勇敢に、そして喜んで与えなさい。あなた方がこれをなすとき、あなた方が出《い》でたあの本源なる神（神性）の領域に入るのである。それは神御自身の行為である。

だから、我が友よ、来るべき偉大な変化の顕現をもう（ただ）待つのではなく、それらの変化をあなた方の行動によってもたらしなさい。

広範に（大きく）考えなさい。あなたの兄弟姉妹たちはあなた方自身であり、世界中同じであると考えなさい、これをなしなさい、我が友よ、そして非常に間もなくわたしを見なさい。わたしのハートはあなた方すべてを抱擁する。

（二〇〇六年五月号）

【フランス、パリのラジオ局『Ici et Maintenant』の番組で、クレームへのインタビューの最後に、マイトレーヤはクレームを通して祝福のエネルギーと共に、メッセージを聴取者に送られた】

二〇〇六年十二月二十九日

わたしはあなた方が思うよりあなた方の身近にいる。いかなる距離もわたしたちを分かつことはない。あなた方がわたしの顔を見るのは遠い先のことではないということを、まことにあなた方に告げることができる。わたしの存在を世界に知らせ、人類に喜びをもたらす仕事に熱意を込めて励みなさい。

おやすみなさい、わが友よ。

（二〇〇七年一月号）

【ベンジャミン・クレームはよく知られたアメリカのテレビ対談番組のホストから、世界の宗教についての映画のためにインタビューを受けた。その対談の最後にマイトレーヤは祝福を与えられ、ついでメッセージをくださった】

二〇〇七年九月二十七日

親愛なる友よ、わたしは今、あなた方の近くにいる。あなた方の多くは長い間、わたしの存在を待ってきた。わたしはすべての人間の前に公に進み出て、わたしの外的な使命を今まさに始めようとしている。わたしたちの間に距離はない。このことを知りなさい。このことを理解しなさい。

あなた方が「手」(*)を通して、あるいは直接、わたしに助けを求めるとき、その助けは確実にあるということを知るべきである。助けが与えられたことをあなた方は認識しないかもしれないが、実際に与えられるのである。わたしがあなた方を援助することを信頼しなさい、そうするためにわたしはやって来たのであるから。

すべてのものの利益のためにわたしと共に働くことを、あなた方に強く勧める。これは、あなた方が今まで経験したことがないほど素早く、急速に成長する機会であり、そしてそれが、わたしたちが神と呼ぶあの御方の足下にあなた方を連れていくのである。

世界に今、ほぼ毎日のように起こっている多くの問題を恐れてはならない。これらの出来事は過渡的なものであり、人々は間もなく、自分たちの前には光に包まれた未来があることを理解するようになるであろう。そのようになるであろう。

（二〇〇七年十二月号）

（＊）「手」とは、マイトレーヤが現された御自身の手形の写真のことを指す。（三一一頁参照）

【ベンジャミン・クレームは、オランダ・アムステルダムのシェア・ネザーランド・インフォメーション・センターで、テレビのドキュメンタリー番組のためにインタビューを受けた。撮影の最後に、マイトレーヤからの祝福の最中、次のメッセージがベンジャミン・クレームを通してマイトレーヤによって伝えられた】

二〇〇八年三月二十七日

わが友よ、わたしは、本当にあなた方の身近にいるのである。あまりにも身近にいるので、あなた方がわたしを見るまでに待つ時間はもうほとんどない。あなた方の多くは非常に辛抱強かった。しかし、わたしのあなた方へのそして世界への接近は多くの法に支配されており、わたしは可能な限りもっとも早い瞬間にやって来るのである。だから、あなた方が可能だろうと考えるよりももっと早くわたしを見つけなさい。おそらく明日ではないし、来週でもない、来月でもないかもしれない、けれど本当に、もう間もなくである。

わたしの心(ハート)はこの大いなる努力を完成するための強い衝動で満ちている。これは人類同胞を愛する人々すべての援助を必要とするだろう。人間は非常に病的な状態にあるこの世界を救わなければならない。世界の一般の人々によって、その努力がすでに始められているのを見て、わたしたちの心(ハート)は喜ぶ。

わたしはそのような人々に今語りかけている。あなた方の声を大きく上げなさい。あなた方の必要を世界に告げなさい――平和の必要を、正義と自由の必要を、宗教や皮膚の色や人種が何であれ、すべての人間が調和のうちに生きることの必要を告げなさい。
すべての人間は本質的にひとつである。
彼らはわたしの兄弟であり、わたしは一人ひとりを愛する。
わたしの愛の祝福はあなた方すべてに流れる。
では間もなく（その日まで）、わが友よ。

（二〇〇八年五月号）

【パリのラジオ局「Ici et Maintenant」でのインタビューの最後に、マイトレーヤはクレームを通して聴衆に祝福とメッセージを送られた。この番組はインターネットで生で聴くことができる】

二〇〇八年十月二十六日

我が友よ、よく耳を傾けなさい。わたしはあなた方すべてに希望をもたらすのであるから――あなた方の問題に終止符を打ち、正義と平和の必要を受け入れる用意のある者たちすべてのための新しいいのちへの希望を。この二つのこと、正義と平和〔の欠如〕が今日のあなた方の道にある主要な障害物である。正義と平和への道は容易に解決できる。単に分かち合いを受け入れることのみを必要とするのである。分かち合いなさい、そして未来を知りなさい〔迎え入れなさい＝訳注〕。分かち合うことを拒否するならば、人類に未来はないだろう。

人生は、知者の目で見れば、単純である。

我が友よ、簡素に生きることを、そしてお互いを本当に愛することを学びなさい。

我が友よ、あなた方が想像し得るよりも早くわたしを見ることができる、それが本当であることを信じなさい、そうなのであるから。

わたしは今もう扉に立っており、〔扉を開けて＝訳注〕前に進み出て、わたしのより公の使命を始めようとしているのである。

希望を持ちなさい、そして元気を出しなさい、我が友よ。すべては良くなるだろう。あらゆる事柄は良くなるだろう。

〔二〇〇八年十二月号〕

【ドイツのミュンヘン市でスロヴァニアのテレビ局のインタビューの録画中に、ベンジャミン・クレームを通して与えられたマイトレーヤからのメッセージである】

二〇一〇年三月二十六日　金曜日

わたしにあなた方を助ける機会を与えてください。そのためにわたしはここに来たのである。

もしあなた方がわたしを受け入れてくれるなら、あなた方をあなた方の運命《さだめ》へと導こう、この世の始めから定められている、その運命へと。

すべてはあなた方にかかっている。あなた方がそれを可能にする歩みを踏み出さなければならない。

兄弟姉妹たちよ、わたしたちは自分たちをひとつと見なければならない、そしてすべての者のために共に働かなければならない。わたしたちは表面的にどう見えようと、別々な存在ではない。わたしたちはひとつのグループであり、わたしはその一員である。

わたしはそのために、わたしのいのちのすべての瞬間を捧《ささ》げている。今この瞬間も、わたしの祝福があなた方の上にあることを知ってほしい。わたしの祝福を受け入れ、シンプルに愛をもって生きなさい。これらの特質はわたしのハートに通じている。

（二〇一〇年五月号）

【ベンジャミン・クレームは、パリでの講演旅行中、世界教師マイトレーヤから思念伝達によって新しいメッセージを与えられた】

〔編注＝この後、マイトレーヤはベンジャミン・クレームを通して、シェア・インターナショナルにメッセージを伝えてくださった。二〇一四年十月号と二〇一六年五月号に掲載された〕

伝導瞑想

瞑想は、瞑想の種類にもよるが、多かれ少なかれ魂との接触をつけ、遂には人が魂と一体となるための科学的方法である。どんな種類であれ、それが瞑想の基本的目的である。

伝導瞑想は最少の時間とエネルギーで強力に世界に奉仕することのできる方法である。他のいかなる種類の瞑想とも異なり、奉仕したいという思いを持つ人々のみを引き付ける。この奉仕したいという欲求は、人がある程度自分の魂との接触を成し遂げた時に現れる。なぜなら奉仕することを欲するのは魂だからである。

覚者方は膨大な霊エネルギーを管理しており、彼らの仕事の大部分はこれらのエネルギーを分配し、この惑星のために描かれた進化の大計画の成就のために効果を生み出していくことである。これらのエネルギーの多くは宇宙に源を発し、もしそれらが世界に直接放出されたならば高度過ぎて、人類の大部分から跳ね返されてしまう。伝導瞑想グループは、いわば霊エネルギーの〝変圧器〟としての働きをするのである。覚者方は伝導瞑想グループの人々のチャクラを通して、これらの霊エネルギーを流し、それによってエネルギーは自動的に変換され、人類に、より使用可能な、入手し易いものに変換される。そして覚者方はそれらのエネルギーを必要とされるところへ配分する。

ベンジャミン・クレームの師（覚者）によって、一九七四年に伝導瞑想が初めて紹介され、ロンドンでグループができ、それ以後、世界中に現在たくさんの伝導瞑想グループが存在する。グループはそれぞれの都合に合わせ特定の日の特定の時間に集合してエネルギー伝導を行う。週一回、二回、または三回とグループによって異なる。三人いれば伝導瞑想グループをつくることができる。

グループは集まって大祈願を声に出して唱える。大祈願はこの目的のために人類に与えられたものである。この祈願文は、われわれが世界を変え、マイトレーヤの再臨に備えるエネルギーを喚起するための手段として一九四五年に、マイトレーヤによって世界に提供されたのである。この偉大なマントラを声に出して唱えることにより、覚者方とグループとの間に伝導管が形成され、この導管を通してエネルギーが送られる。

これらの霊エネルギーが、今世界を変えているエネルギーそのものである。それらのエネルギーの伝導、それが伝導瞑想グループが世界のために行う奉仕である。それは、われわれが意識的に霊的ハイアラキーと協調して働く奉仕の機会である。

伝導瞑想はカルマヨガとラヤヨガという二つのヨガの組み合わせである。カルマヨガは奉仕のヨガであり、ラヤヨガはエネルギー・チャクラのヨガである。それぞれに強力なヨガであり、この二つの組み合わせである伝導瞑想は、非常に強力な、科学的な瞑想である。高度なエネルギーが参加者のチャクラを通過していくので、チャクラは否応なく刺激され、活性化される。

したがってその個人の霊的成長も大きく促進される。

伝導瞑想のやり方は非常に簡単で、何の知識も経験もいらない。必要なのは奉仕したいという思いと、実行する意志である。伝導瞑想の間中、アジュナ・チャクラ（眉間）に自分の注目を置くことによって、魂との整列を保つ、それだけである。おそらく、このように簡単に、最小の努力でできる強力な世界への奉仕は他にないだろう。

安全で、科学的で、宗旨宗派にとらわれない活動であり、他にどのような宗教的、霊的実践を行っていてもそれらと矛盾することはない。キリスト・マイトレーヤの降臨を信じる多くの人々が伝導瞑想を実践しているが、伝導瞑想を行うのに、それを信じる必要があるわけではない。


さらに詳しい情報は、ベンジャミン・クレーム著『伝導瞑想―21世紀のヨガ―』をご参照ください。

日本各地で伝導瞑想を行っているグループの所在などについてお知りになりたい方は、シェア・ジャパンまでお問い合わせいただきたい。

大祈願

神の御心《みこころ》の光の源より
光をあまねく人の心に流れ入れさせ給《たま》え
光を地上に降《くだ》らせ給え。

神の御心の愛の源より
愛をあまねく人の心に流れ入れさせ給え
如来《にょらい》（キリスト）よ、地上に戻られ給え。

神の意志、明らかなる中心より
大目的が人の貧《とぼ》しき意志を導かんことを
如来は大目的を識《し》り、これに仕え給う。

われらが人類と呼ぶ中心より
愛と光の大計画を成させ給え
悪の棲処《すみか》の扉を封じ給え。

光と愛と力とをもて
地上に大計画を復興させ給え。

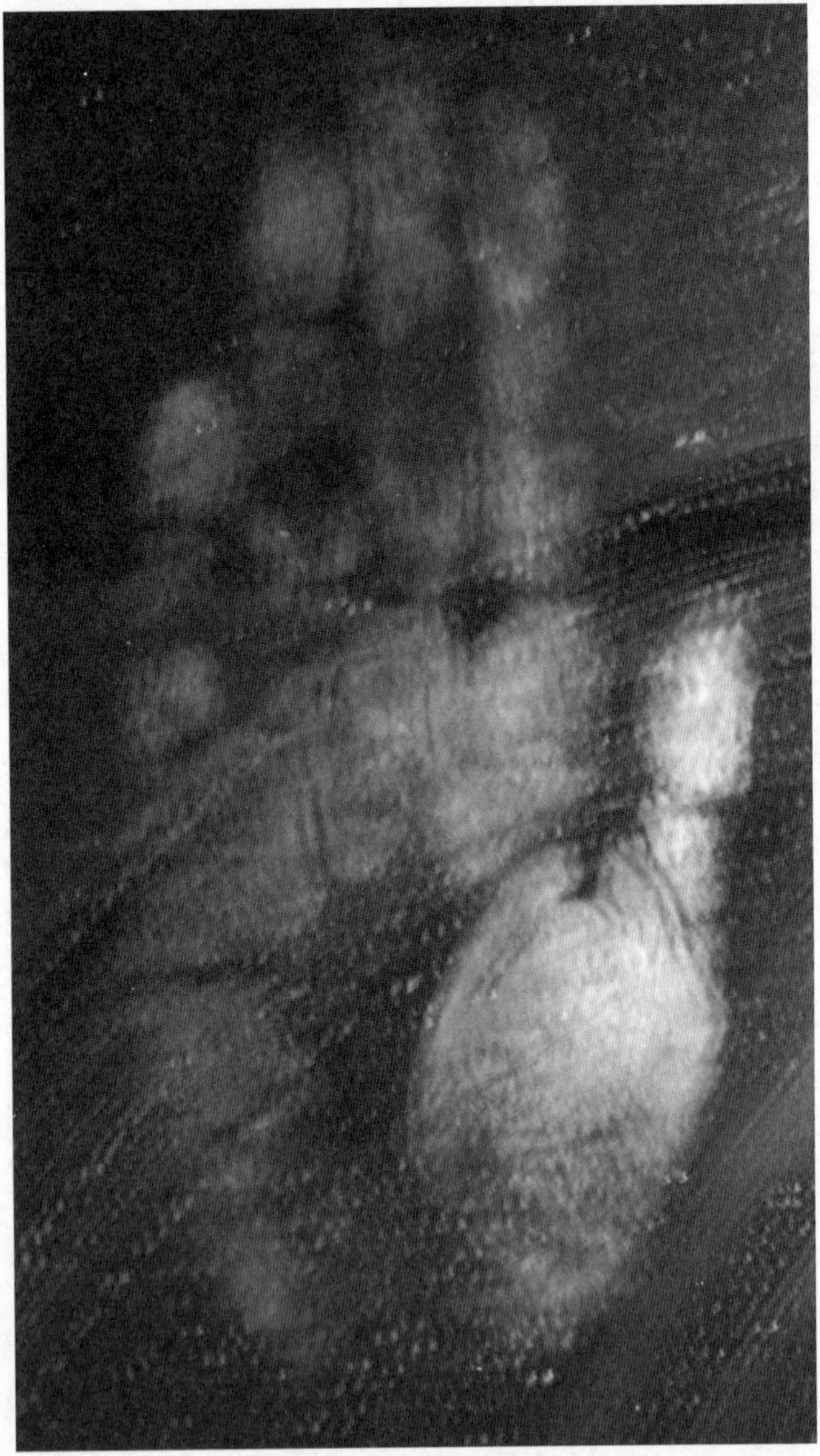

マイトレーヤの手形

国際月刊誌『シェア・インターナショナル』

1982年に創刊されたシェア・インターナショナル誌は、新しい時代の思考の二つの主な方向――政治的思考と霊的思考――を統合する。現在世界的規模で起こっている政治的、社会的、経済的、霊的変化の底に横たわる統合を示し、この世界をより正しい、慈悲深い線に沿って再建するための実際的な行動を刺激することを意図している。

世界教師マイトレーヤの提示する優先順位――適切な食料の供給、すべての者のための適切な住居と普遍的権利としての健康管理および教育の提供、世界の生態系の均衡の維持――に関係するニュース、出来事、そして世界の変化へ向けた行動の前線にいる人々へのインタビュー記事他を掲載する。

特に特徴的記事は、ハイアラキーの覚者からの寄稿、新しい時代の世界教師としてのマイトレーヤの出現についての最新情報、秘教の教えの拡大、世界における政治、経済、環境、霊的変化に関するマイトレーヤの教えや洞察、世界の変容についての肯定的な展開のニュース、ベンジャミン・クレームによる読者質問欄、世界中の読者からの通信欄『編集長への手紙』などを網羅する。

シェア・インターナショナル誌は、すべて無報酬のボランティアによって、英語版のほか、日本語、オランダ語、フランス語、ドイツ語、スロベニア語、スペイン語版が発行されている。

ベンジャミン・クレームの著書

シェア・ジャパン出版刊

世界大師《マイトレーヤ》と覚者方《かくしゃがた》の降臨《こうりん》

ベンジャミン・クレーム著／石川道子訳

降臨が世界の現制度に与える影響、第三世界の問題解決と新しい世界経済、シャンバラ、反キリスト、サタンと最後の審判、魂と輪廻転生、自由意志、瞑想、魂の降下〜動物人間〜現代への人類の進化過程、治療と奉仕、テレパシーと霊能力、予言、UFO、核エネルギー、未発達の魂、菜食主義、将来の職業、家庭崩壊、古代文明、大破局妄想、E・ケーシー、フィンドホーン他。

ベンジャミン・クレームの最初の著書であり、手頃な新しい時代への案内書である。

1979年（初版）B6判／378頁
2015年（改訂版第三刷）B6判／396頁

伝導瞑想 —21世紀のヨガ—

ベンジャミン・クレーム著／石川道子訳

伝導瞑想はハイアラキーの覚者からベンジャミン・クレームを通して1974年に紹介された非常にダイナミックな瞑想であり、かつ簡単で安全なグループ瞑想である。瞑想の経験もいらず、先生につく必要もない。人類の明るい未来の建設のためにマイトレーヤとハイアラキーの覚者たちに協力して世界に奉仕したいという意志のある人なら誰にでもできる。この本では、瞑想の正しいやり方を詳しく説明し、実際に伝導を行う中で出てくる様々な疑問に答える。伝導瞑想の背景にある論理や伝導されるエネルギーの特質、個人の霊的成長における伝導瞑想の役割などが網羅されている。

1997年　A5判／248頁
2005年（改訂三版）A5判／248頁
2016年（改訂四版）A5判／304頁

マイトレーヤからのメッセージ　いのちの水を運ぶ者

ベンジャミン・クレーム伝／石川道子訳

英国の著名な画家であり、秘教徒であるベンジャミン・クレームを通してマイトレーヤが伝えられた人類へのメッセージ集。

貧困、飢え、病、失業、戦乱等々の苦悩の中から救いを求めて出された人類の心からの叫びに応えて到来されたマイトレーヤは、民族や宗教の枠を超えた全人類の大教師であり、人類の夢の体現である。現在の行き詰まりの苦境から抜け出し、明るい未来につながる道を示し、案内するために、そして新しい宝瓶宮の時代のいのちの水を豊かに携えて、来られたのである。メッセージを１つずつ、集中した思いで声に出して唱えると、必ずと言ってよいほど、マイトレーヤの心の反応を呼び起こすのである。

1999年（改訂初版）B6判／464頁

マイトレーヤの使命　第一巻

ベンジャミン・クレーム著／石川道子訳

すべての情報はハイアラキーの覚者から伝えられ、覚者の確認のもとで書かれた世界に類を見ない貴重な書。『世界大師と覚者方の降臨』に続く書として出された本書のキャンバスもまた広大である。

マイトレーヤの出現過程および教えと仕事の詳細、再生誕を支配する法則、カルマ、死後の世界、デーヴァ、進化とイニシエーション、七種の光線、新しい時代の霊性、瞑想と奉仕等々をさらに詳しく検討、さらに世界に初めて発表された古今東西の著名イニシエート760余名の進化段階と光線構造のリスト、他。

1988年（初版）A5判／384頁
2016年（改訂三版）A5判／432頁

マイトレーヤの使命　第二巻

ベンジャミン・クレーム著／石川道子訳

エネルギーの影響で急速に変化する世界の政治・経済の霊的原因と未来、真我実現の術、さらにベンジャミン・クレームの師であるハイアラキーの覚者とのユニークなインタビューは人類が今直面する幾つかの重大な問題に新しい啓示的な光を投げかける。第一巻と同様、本書もまた広大な領域を網羅する――瞑想、意識の成長、イニシエーション、グループワーク、恐怖心の克服、環境、世界奉仕、新時代の宗教、世界のイニシエートのリストの追加、他。

1993年（初版）A5判／784頁
2010年（第三刷）A5判／784頁

マイトレーヤの使命　第三巻

ベンジャミン・クレーム著／石川道子訳

この書は心躍るような未来のビジョンを提供するものであり、広範なトピックを網羅した貴重な叡知の宝庫である。

世界大師マイトレーヤと覚者方の公の顕現の後、彼らのアドバイスとインスピレーションに鼓舞されて、人類は想像を超えた新しい文明をつくっていくだろう。マイトレーヤの優先順位、新しい時代の政治、21世紀の挑戦、新しい時代の教育、新しい建築、新たなる奉仕、国際連合、原子炉の閉鎖と新エネルギーの開発、奇跡の時代に終わりなし、奇跡の水、アンタカラーナ、新しい時代の治療法、画家と彼らの光線構造、巻末の世界のイニシエートのリスト（光線構造と進化の段階）は１巻と２巻のリストをも網羅した。

1997年（初版）A5判／702頁
2009年（改訂版第二版）A5判／720頁

大いなる接近 ——人類史上最大の出来事——

ベンジャミン・クレーム著／石川道子訳

この予言的な書は、われわれの混沌とした世界の問題に焦点を当て、世界大師マイトレーヤと一緒に9万8000年ぶりに世界に公に戻って来ようとしている完璧なる方々の一団、つまり智恵の覚者方の影響のもとで徐々に変化していく世界を描いている。

本書が網羅している話題には、困惑のアメリカ、民族紛争、犯罪と暴力、環境と汚染、遺伝子工学、科学と宗教、光の特性、健康と治療、教育、奇跡、魂と転生などがある。この書は途方もない智恵の統合であり、未来にサーチライトを投射して、明確なビジョンをもって、われわれが達成する最高の業績と、前方に横たわる驚嘆すべき科学的発見を明らかにする。戦争は過去のものとなり、すべての人間の必要が満たされる世界がわれわれに示されている。

第一部：人類の前途
第二部：大いなる接近
第三部：新しい光の到来

2001年（初版）B6判／448頁

協力の術《すべ》

ベンジャミン・クレーム著／石川道子訳

この書はこの時代の最も緊迫した問題、およびそれらの解決について、不朽の智恵の教えの観点から考察する。その教えは何百年もの間、外的世界の底に横たわるフォース（エネルギー）を明らかにしてきた。

本書は、大昔からの競争の中にがんじがらめになり、古く役に立たない方法でそれらの問題を解決しようとしている世界を見る。問題解決の答え——協力——は、われわれの手の中にある。すべてのいのちの根底にある和合の大切さを認識することを通して、正義と自由と平和の世界への道を示す。

第一部：協力の術《すべ》

第二部：グラマー

第三部：和合《ユニティ》

2002年（初版）B6判／358頁

生きる術《すべ》

ベンジャミン・クレーム著／石川道子訳

二人の智恵の覚者方、つまりジュワル・クール覚者と、とりわけベンジャミン・クレーム自身の師である覚者の言葉に刺激を受けて、本書の第一部は、絵画や音楽のような芸術の一形態として「生きる」という経験が考察されている。高度な表現レベルに達するには、特定の基本的原則についての知識と遵守が必要とされる。生きるという芸術《アート》（術）においては、原因と結果の大法則とそれに関連した再生誕の法則を理解してこそ、われわれは他者に害を与えない落ち着いた生活を実現し、それが個人的な幸せや、正しい人間関係、すべての人間にとっての、進化の旅路における正しい道へとつながっていく。

第二部「相対立する二極」と第三部「イリュージョン（錯覚）」では、人間が自分の内面においても外的な生活においても、限りなく続くように思われる苦闘を経験するのは、人間が進化計画の中で独特な位置——霊と物質が出合う地点——にあるからだと示唆される。イリュージョンの霧を脱出して、自分自身の二つの様相を一つの完全なる全体へと統合させる手段は、ますます無執着になり客観的な自己認識を高めながら、人生そのものを生きることにある。

2006年（初版）B6判／352頁

叡知の種　覚者は語る

ベンジャミン・クレーム伝／石川道子訳

「わたしがなしてきた努力は、読者に未来の人生を描き、未来に対して楽しく積極的に近づくように鼓舞し、日ごとに持ち上がる諸問題に正しく対処するための知識のツールを用意することであった……」

人類は、舞台の背後から、進化の旅路をわれわれよりも先に歩まれた智恵の覚者方と呼ばれる高度に進化した光明ある方々の一団によって導かれている。本書は覚者（智恵の大師）から著者ベンジャミン・クレームを通してシェア・インターナショナル誌に掲載された過去20数年間（1982年1月号から2003年12月号まで）の記事の集大成である。人類の過去、現在から未来に関するあらゆる分野への深遠な洞察と情報、さらにその叡知の数々は人類の明るい未来への最大の贈り物であろう。

2004年（初版）B6判／640頁

いのちの法則（マイトレーヤの教え）

ベンジャミン・クレーム監修／石川道子訳

偉大な教師方の到来に際して、その到来以前に教えが一般に知られることはかつてなかった。キリスト、仏陀、クリシュナなどの教えは、すべて信奉者の目から見て書かれてきた。今回初めて公の出現に先駆けて、世界教師自らの見解や洞察の一端をうかがい知ることのできるものが直接与えられた。新しい時代を導くこの途方もない偉大なる存在は、人類の前途に横たわる進化の旅路の概要をわれわれに示し、それについてのわれわれの理解を助けるためにやって来られたのである。

本書を読んで内奥の変化を経験しない人はいないであろう。世界の事象に対する途方もなく透徹した洞察、自己実現の秘訣の明示、経験を通して知る真理の簡潔な描写など、どのような分野に興味の焦点があろうとも、いのちの法則を理解しようと願う人にとって、本書に網羅されたマイトレーヤの見解は、精妙で含蓄の深い洞察を提供し、いのちの本源へと読者を誘うであろう。

2005年（初版）B6判／400頁

全人類のための世界教師

ベンジャミン・クレーム著／石川道子訳

98,000年の時を経て可能となった偉大な教師方の出現と、この惑星的に重大な出来事から派生する多くの効果、彼らが人類に示す将来にわたる計画、優先事項や勧告について本書は明らかにする。

巨大な宇宙のアバターとして、世界教師マイトレーヤは二つの行動路線の間の単純な選択を示すだろう――その彼の助言を無視して現在の生活様式を続け自己破壊に陥るか、勧告を喜んで受け入れて、平和で幸せな将来を保証する分かち合いと正義のシステムを開始し、その結果として人間の内的神性に基づいた文明を創造するか……。

2007年（初版）B6判／224頁

人類の目覚め

ベンジャミン・クレーム著／石川道子訳

世界教師マイトレーヤが公に御自身を人類の前に現して、全人類に同時に語りかける日、「大宣言の日」における人類の体験がどんなものであるかを、クレームの師である覚者が感動的に描いている。「その特別の日に思考が放送されるのを、以前に聞いたことのある人間はどこにもいないだろう。彼らの神性への呼びかけを、彼らが地上に存在することへのチャレンジを聞いたことはかつてないだろう。そのひとときの間、各人が、それぞれに厳粛に、独りで、自分の人生の目的と意味を知り、幼年時代の恵みを、自我欲に汚されていない志向の純粋さを、新たに経験するだろう。これらの貴重な数分のあいだ、人間は大生命（いのち）のリアリティ（実相）に完全に参加することの歓びを新たに知り、遠い過去の記憶のように、お互いがつながり合っていることを感じるだろう……——本文より

2008年（初版）B6判／252頁

光の勢力は集合する——UFOと彼らの霊的使命——

ベンジャミン・クレーム著／石川道子訳

本書はUFOについて独特の視点から書かれた本である。宇宙の兄弟であるUFOの乗組員たちと共に仕事をし、彼らのことを内部から知っているベンジャミン・クレームは、UFOの存在は計画されたもので、惑星地球にとって、とてつもない価値のあるものだと論じる。彼らは人類の災難を緩和し、この惑星をさらなる、急速な破壊から守るという霊的使命を遂行しているのである。

第二部は、われわれが意識の大きな転換を経験し、商業主義の拘束と市場のエネルギーの支配から解き放されて、未来の生活の豊かさに気づくようになるにつれ必要となる、新しい、より包括的な教育形態について述べられている。

事実が間もなく明らかになると、人類は自己の神性と地球の霊的法に目覚め、分かち合い、正義、自由が基調の協力の時代が始まるだろうことが生き生きと示されている。

第一部：UFOと彼らの霊的使命
第二部：新しい時代における教育

2010年（初版）B6判／352頁

多様性の中の和合——新しい時代の政治形態——

ベンジャミン・クレーム著／石川道子訳

本書は、あらゆる男女や子供の未来についてである。それは地球自体の未来にも関わる。人類は今、岐路に立っており、大きな決断をしなければならないと、クレームは語る。その大きな決断とは、われわれが前進し、すべての者が自由で、社会的正義が支配する輝かしい文明を築くか、あるいは現在のように分裂と競争に満ちたあり方を続け、惑星地球のあらゆる生命の最後を見るのかについての決断である。

クレームは、地球の霊ハイアラキーのために、すべての人類の安寧のための大計画について言及している。われわれすべてにとっての前進の道は、われわれの本質的な多様性を犠牲にすることなく、同様に本質的な和合を認識することであることを、

諸国家の果たす様々な役割を示しながら明らかにしている。

初版2012年（初版）Ｂ６判／270頁

心の扉シリーズ ①
不安感　一挙に乗り越え、自在心

ベンジャミン・クレーム著／石川道子訳

本書は、人間の感情の中で最も深く破壊的な抑圧的な感情である恐怖心をいかにして克服するか、それを一挙に乗り越える方法があるのか、恐怖や不安から解放されて自在に生きることが可能なのかなどについて、非常に分かりやすく説いている。

『マイトレーヤの使命 第２巻』に「恐怖心の克服」として収録されている。

2000年（初版）B6判／148頁

心の扉シリーズ ②
私は誰か　不朽（ふきゅう）の智恵に学ぶ

ベンジャミン・クレーム著／石川道子訳

人類の霊的遺産についての概観を示し、不朽の智恵の教えを明快で理解しやすく紹介した本である。ベンジャミン・クレームとのインタビュー形式で秘教の基本的な概念を説明する――教えの源、世界大師（教師）の出現、再生誕と輪廻転生、原因と結果の法則、進化の大計画、人間の起源、瞑想と奉仕などを含む。

『マイトレーヤの使命 第３巻』に「不朽の智恵の教え」として収録されている。

2000年（初版）B6判／168頁

表紙の絵はベンジャミン・クレームによる油絵の複製であり、**オープン・マンダラ**と題する（一九七二年作）。空間に浮遊する『オープン・マンダラ』は、見る人に、「宇宙の空間（Void of Cosmos）」に注目をひきつけ、そして保持するひとつの空間（void）を提供する。絵の中心に注目を置いておくと、宇宙空間が、見る人からすべてのものとの和合への志向と願いを引き出す。

ベンジャミン・クレーム（Benjamin Creme――1922～2016）

スコットランド生まれの画家で秘教学徒のベンジャミン・クレームは、過去40数年間にわたり人類史上最大の出来事に対して世界の準備を整えるために活動してきた。

彼の師である覚者の訓練監督のもとで、1974年から公の活動を始めて以来、世界中のテレビ、ラジオ、ドキュメンタリーに出演するとともに、世界各地で幅広くこの希望のニュースを伝える講演を行ってきた。本書を含む彼の16冊の著書は多くの言語に翻訳発行されている。世界70余カ国に購読者を持つ国際月刊誌『シェア・インターナショナル』の創刊編集長であった。

石川道子（いしかわ　みちこ）

東京に生まれる。最終学歴はアメリカのエール大学大学院修士号。国際政治学、特に第三世界開発問題の研究。後に、アメリカで新しい教育形態の実験的プログラムの開発および運営に従事する。1981年以来、ベンジャミン・クレームの共働者の一人として日米を中心に世界のネットワークの中で奉仕活動を続けている。クレームの英語版の著書の編集・出版さらに日本語版の翻訳・出版、国際月刊誌『シェア・インターナショナル』日本語版の監修責任、他を務めている。

叡智の種 覚者は語る（Ⅱ）

2017年４月１日　初版発行　　定価：本体2000円+税

監　修　ベンジャミン・クレーム
訳　者　石川道子
発行者　石川道子
発行所　有限会社シェア・ジャパン出版
〒500-8817　岐阜市八ツ梅町 3-10　所ビル１F
電話／ファクス　042-799-0275

印刷所　ヨツハシ株式会社

ISBN978-4-916108-23-4 C0014 ¥2000E